智慧人生

人生短短幾個秋 不醉不罷休

聰明心 06

智慧人生：人生短短幾個秋，不醉不罷休！

編　　著　葉楓
出 版 者　大拓文化事業有限公司
執行編輯　林秀如
封面設計　林鈺恆
內文排版　姚恩涵

總 經 銷　永續圖書有限公司
劃撥帳號　18669219
地　　址　22103 新北市汐止區大同路三段一九十四號九樓之一
TEL　（○二）八六四七—三六六三
FAX　（○二）八六四七—三六六○
E-mail　yungjiuh@ms45.hinet.net
網　　址　www.foreverbooks.com.tw

CVS代理　美璟文化有限公司
TEL　（○二）二七二三—九九六八
FAX　（○二）二七二三—九六六八

法律顧問　方圓法律事務所　凃成樞律師

出 版 日◇二○一九年二月

國家圖書館出版品預行編目資料

智慧人生：人生短短幾個秋,不醉不罷休! / 葉楓編著.
-- 初版. -- 新北市：大拓文化, 民108.02
面；　公分. -- (聰明心；6)
ISBN 978-986-411-088-9(平裝)
1.人生哲學 2.通俗作品
191.9　　107022468

序言

凡事應有一個適當的「度」，超過這個「度」，就是「過」；沒有達到一定的「度」，就是「不及」。

在梵授王統治的波羅奈國，有四個富商。他們各有一個兒子，都長得風流倜儻，且喜歡結伴而行，共闖江湖。

有一天，四位商人之子又一起出城，途中坐在路邊休息，互相交談自己近來的所見所聞。這時，有一位獵人打獵回來，車上裝了許多獵物，其中光鹿就不少。獵人駕著馬車疾馳而來，準備進城賣掉這些獵物。

四個年輕人看到滿載獵物的馬車駛來，其中一個迅速地從地上站起來，說道：「我向獵人要塊肉去。」話音剛落，他已經走到馬車前，很不禮貌地說：「喂！打獵的，割塊肉給我！」

獵人見這個年輕人如此傲慢無禮，便回答：「向人索要東西，怎麼能以這樣的口氣呢？要和氣一點才對呀！我不會拒絕你的要求，但是會按照你的言辭來決定給你哪一塊肉。」說完，獵人念了一首偈語：「公子所要肉，出言欠和遜；按君言粗魯，只配得筋骨。」

第一位商人的兒子拿著獵人給他的鹿骨，悻悻地退回原來坐的地方。

第二位商人的兒子也站了起來，說道：「我也向獵人要肉。」他來到獵人面前，和顏悅色地說：「大哥，能給我一塊肉嗎？」

獵人笑著說：「當然可以，我也會按照你的言辭來決定給你哪一塊肉。」

接著，獵人扶著車把，也念了一首偈語：「人說塵世中，兄弟手足情。按君言辭和，送君鹿腿肉。」

第二位商人的兒子拿著獵人給他的鹿腿，高興地回到路邊。

第三位商人的兒子也站了起來，說道：「你們都向獵人要了肉，我也去。」

他來到獵人面前，滿臉笑容，用溫和、尊重的語調說道：「老爹，請給我一塊肉好嗎？」

獵人也報以一笑，很爽快地說：「我會按照你的言辭決定給你哪一塊肉的。」說完，他又念了一首偈語：「兒呼一聲爹，為父心頭顫；按君言辭敬，贈君心頭肉。」

第三位商人的兒子拿著獵人給他的鹿心，愉快地回到年輕的朋友身旁。

第四位商人的兒子迎著他站起身來，說道：「我也去向獵人要肉。」

他來到獵人面前，含著親切的微笑，誠懇而又尊敬地說：「朋友，打獵辛苦了。能否賞我一塊肉？」

獵人也禮貌地微微頷首，瀟灑地說：「沒問題，朋友。我將會按照你的言辭來決定給你哪一塊肉的。」說罷，他第四次念起偈語：「村中若無友，猶孤居森林；按君言辭美，贈君傾我車。」獵人恐怕年輕人沒聽清楚，再次強調：「朋友，上車來吧！我要將這整車的獵物都送到你家裡去。」

在人際交往中，你敬我一尺，我敬你一丈；要想讓別人如何對待你，首先你就要如何對待別人。

CONTENTS

01

自己生存，也讓別人生存

把自己當成別人；把別人當成自己；把別人當成別人；把自己當成自己。

每個人都想自由快樂地渡過自己的一生，然而這卻是非常不容易的一件事情。其實，只要能夠做到「自己生存，也讓別人生存」就夠了。換句話說，就是儘量站在別人的立場上去考慮問題，尊重每一個人，包括自己的對手。那麼，我們就可以一生都自由快樂。

一個少年去拜訪一位年長的禪師。

少年問：「我如何才能變成一個一生自己快樂、也能夠給別人快樂的人呢？」

禪師說：「這很簡單，我送給你四句話。第一句話是：把自己當成別人。你能說說這句話的含義嗎？」

少年回答說：「在我感到痛苦憂傷的時候，就把自己當成是別人，這樣痛苦就自然減輕了；當我欣喜若狂之時，把自己當成別人，那些狂喜也會變得平和中正一些？」

禪師微微點頭，接著說：「第二句話：把別人當成自己。」

少年沉思一會兒，說：「這樣就可以真正同情別人的不幸，理解別人的需求，並且在別人需要的時候給予恰當的幫助？」

禪師繼續說道：「第三句話：把別人當成別人。」

少年說：「這句話的意思是不是說，要充分地尊重每個人的獨立性，在任何情形下都不可侵犯他人的核心領地？」

禪師哈哈大笑：「很好，很好。第四句話是：把自己當成自己。這句話理解起來太難了，留著你以後慢慢品味吧。」

少年說：「這句話的含義，我是一時體會不出。但這四句話之間就有許多自相矛盾之處，我用什麼才能把它們統一起來呢？」

禪師說：「很簡單，用一生的時間和經歷。」

後來少年成了中年人，又成了老人，再後來在他離開這個世界以後，人們都還時時提到他的名字。人們都說他是一位智者，因為他是一個快樂的人，而且也給每一個見過他的人帶來了快樂。

不過，生活中常常有些人，無理爭三分，得理不讓人，小肚雞腸。相反，有些人真理在握，不卑不亢，得理饒人，君子風度。前者，往往是生活中的不安定因素，後者則具有一種天然的向心力。

假如是重大的是非問題，自然應當不失掉原則地查個水落石出甚至為追求真理而獻身。但日常生活中，往往是為了一些非原則問題、雞毛蒜皮的問題爭得不亦樂乎，以至於非得決一雌雄才罷甘休，這種不讓別人生存的人結果可想而知——連自己的生存都成問題。因此，我們有必要向宋朝的呂蒙正好好學習一下。

呂蒙正從不喜歡與人斤斤計較。他剛任宰相時，有一位官員在簾子後面指著他對別人說：「這個無名小子也配當宰相嗎？」呂蒙正假裝沒聽見，大步走了過去。其他參政為他憤憤不平，準備去查問是何人敢如此膽大包天，呂蒙正知道後，急忙阻止了他們，說：「如果知道了他的姓名，那麼就一輩子也忘不掉了。這樣耿耿於懷的話，必定得不償失，所以千萬不要去查問此人姓甚名誰。其實，不知道他是誰，對我並沒有什麼損失呀。」當時的人都佩服他氣量大。

呂蒙正做人是這樣，做事情也是這樣。宋太宗時期，有人上奏說在汴河從事水運工作的官吏中，有人私運官貨到其他地方販賣，眾人頗有微詞。

聽了這話，太宗向左右說：「要將這些人完全根除實在不是容易的事，這就像以東西堵塞鼠洞一樣無濟於事。對此，不可以過於認真，只要將那些做得過分，影響極壞的首惡分子懲辦了即可。如有些官船偶有挾私行為，只要他沒有妨礙正常公務，就不必過分追究了。總之，這樣做也是為了確保官運物質的暢行無阻呀！」

站在一旁的宰相呂蒙正也表示贊同，他說：「水若過清則魚不留，人若過嚴則人心背。」

一般而言，君子都看不慣小人的所作所為，如過分追究，恐有亂生。不若容之，使之知禁，這樣才能使管理工作順利開始。從前，漢朝的曹參對司法與市場的管理非常慎重，他認為在處理善惡的執法量刑上應該有彈性，要寬嚴適度。謹慎從事，必然能使惡人無所遁形。這正如聖上所言，就是在小事上不要太苛刻。

生活中的很多誤解和隔閡實際上都是由於人與人的生活狀態存在差異，因而造成的思考角度和方式不同所引起的。人人都有自尊心，人人都有好勝心，若要聯絡感情，我們應處處重視對方的自尊心，因為要重視對方的自尊心，必須抑制你自己的好勝心，成全對方的好勝心。

舉例來說：對方與你有同性質的某種特長，對方與你比賽，你必須讓他一步，即使對方的技術敵不過你，你也得讓對方獲勝。但是一味退讓，便表現不出你的真實本領，也許會使對方誤認你的技術不太高明，反而引起無足輕重的心理。所以你與他比賽的時候，應該施展你的本領，先造成一個均勢之局，使對方知道你不是一個弱者，進一步再施小技，把他逼得很緊，使他神情緊張，才知道你是個能手。

再一步，故意留個破綻，讓他突圍而出，從劣勢轉為均勢，從均勢轉為優勢，結果把最後的勝利讓給對方。對方得到這個勝利，不但費過許多心力，精神還一定十分愉快，對你也有敬佩之心。

一般來說，學生對一位新來的老師都感到有些好奇和畏懼。因此，這位老師有必要故意在課堂上說：「我的字寫得不好看，小學時我的書法都不及格。」以此博得學生一笑，為的是很快縮短師生之間的距離。或者說：「如何，我的衣服好看嗎？」學生就會暗暗在心裡想：「這老師真有趣，都注意些小事，可見老師也是凡人。」學生的心情一下子放鬆了，便產生了親切感。

同樣的，在人前演講，在麥克風前打噴嚏，站不穩，故意表演些小失誤，就能緩和原來緊張的氣氛，聽眾們對有頭銜的大教授都有戒備心，但是看到小的失誤後，心裡便會想：「同樣都是人，難免做出些不雅的事。」於是一種親切感就自然產生了。

與有自卑心理和戒備心的人初見面時的會談是很困難的，尤其在社會地位有差距時，對方在居下的位置，心中會有膽怯感。此時對方心理上自然築起一堵防禦牆，首先讓對方樹立「自己不比別人差」的觀念，這一點很重要。

爭強好勝者未必掌握真理，而謙下的人，原本就把出人頭地看得很淡，更不用說是一點小小是非的爭論，根本不值得稱道。你若是有理，卻表現得謙遜，往往能顯示出一個人的胸襟坦蕩、修養深厚。所以說，一個「自己生存，也讓他人生存」的人，一生必然坦蕩順遂，左右逢源。

02

將你的對手變成朋友

將你的對手變成了朋友。世界上還有比這更完美的戰勝嗎？

什麼是敵人？如何對待敵人？關於這兩個問題，星雲大師認為：並不一定是戰場上兩軍對陣，殺得你死我活的，才叫敵人。

商場有商場的敵人，同行有同行的冤家，利益有利益的對手。而且，敵人不是以消滅他為最高手段的。在戰場上，最高的戰術是「不戰而屈人之兵」；甚至對於兇狠頑固的敵人，能感化至對方認錯，也就不必再置他於死地了。在《百喻經》上有這樣一個故事，值得人們深思。

老鼠是山神的寵物，牠向山神請求下凡當一隻普通的動物。

山神說：「在動物界中，大象是最強大的，你下凡後，必須戰勝大象，你才有資格回到我身邊，否則，你就永遠留在動物世界吧。」

老鼠答應了山神的條件。

但老鼠一來到動物界，便感到牠向山神的承諾是草率的，因為牠發現自己是一種又小又弱的動物，要戰勝大象簡直是天方夜譚，牠後悔了。

但最後牠還是決定試一試。

牠想，自己要是從大象的長鼻子中鑽進去，用身體堵住大象的氣管，不讓它喘氣，大概就能迫使大象認輸。

這天，牠趁大象用食之機，悄悄地鑽進了大象的鼻子中，準備實施它的計劃。不料，剛進去一小段路程，大象覺得奇癢，便猛地打了一個噴嚏，老鼠只聽到一聲巨大的轟響，自己就像炮彈一樣被射向高空，老半天才掉到地上，摔得渾身上下疼痛難忍。這一下，牠可知道大象的厲害了。

由此，大象也恨透了老鼠。

大象心想，這老鼠長得小，胃口可不小，牠竟然想打我大象的主意，真可惡。於是，一見到老鼠，大象就用牠那大腳踩，很多次老鼠都差點喪命。

此後很久，老鼠總是遠遠地躲開大象，牠不想自討苦吃。

天有不測風雲。一天，大象落入了獵人設下的巨網中。牠掙扎了很久，全身一點力氣也沒有了，只能等死。

老鼠想，這真是天賜良機，大象現在已毫無抵抗能力，只要我在牠的要害部位挖幾個洞，牠就會沒命了。那我不就戰勝大象了嗎？

然而，當老鼠看到大象可憐的樣子時，牠不忍下手了。牠的良心告訴自己，應該救大象。於是，牠開始用鋒利的牙齒咬網和繩子，不知過了多久，那張巨網出現了一個大缺口，大象一用力，終於從巨網中鑽了出來。大象得救了。

從這件事情中，大象看到了老鼠善良的心靈，牠決定同老鼠結下友誼。當然，老鼠也願意交大象這個仁厚的朋友。於是，老鼠和大象化干戈為玉帛。

不久，山神找到老鼠，向老鼠祝賀，說老鼠已經戰勝了大象。

老鼠說：「我還沒有戰勝大象呢，這大概是不可能了。」

山神說：「老鼠，你已經戰勝了大象。你將你的對手變成了朋友。難道世界上還有比這更完美的戰勝嗎？」

在競爭過程中，要戰勝一個人，並不是要將他徹底打倒，要他向你認輸，而是要達成和解，成為朋友，這才是最完美的戰勝。

常言道：得饒人處且饒人，退一步海闊天空。換句話說，以德報怨是一個成功者必備的品質，具有這種品質的人一旦與堅強的毅力融為一體，那麼他就具有勢不可擋、驚天動地的力量，無論任何邪惡、各種艱難困苦和不幸，他都有能力忍受，一定能夠取得最後的成功。

宋朝郭進任山西巡檢時，有個軍校到朝廷控告他，宋太祖召見了告狀之人，結果發現此人在誣告郭進，就把他押送回山西，交給郭進處置。

有不少人勸郭進殺了那個人，郭進沒有這樣做。當時正值戰爭時期，郭進就對誣告他的人說：「你居然敢到皇帝面前去誣告我，這說明你確實有點膽量。現在我既往不咎，赦免你的罪過，如果你能出其不意消滅敵人，我將向朝廷保舉你。如果你打敗了，就遠走他鄉，別再讓我看見你。」

那個誣告他的人深受感動，果然在戰鬥中奮不顧身，英勇殺敵，後來打了勝仗，郭進不記前仇向朝廷推薦了他，使他得到提升。

寬容大度能使傷害你的人感到無地自容，激起他靈魂上的震撼。同時，又中止了爾虞我詐的惡性循環。更為難得的是寬容大度還帶來了心理上的平靜，能為你贏得寶貴的時間，把精力投入到事業中去。所以，人有了實力，更要有胸懷。不論是歷史，還是現在，這樣的例子數不勝數，都證明了誠懇地寬恕仇人，不計私怨，最終使自己受益匪淺。

西晉武帝泰始五年，羊祜奉晉武帝之命征討吳國。晉吳兩國大動干戈，常有吳國兵將前來投降。

羊祜細細問過一遍後，寬宏大量地說：「想回去也行，你們來去自由。」每次外出活動，羊祜總穿一身輕便皮衣，不著鎧甲。住所附近，侍衛也不超過二十人。

一有空閒，羊祜就跟將士們一起去打獵捕魚。這一切，吳國士兵都看在眼裡。他們從來沒見過這麼平易近人的敵軍將領，於是漸漸失去了敵意，紛紛越過邊界向羊祜投降。吳軍的鬥志，開始慢慢鬆懈。

兩國交戰，羊祜不搞突然襲擊。晉、吳將士，雲集戰場。一時狼煙四起，戰鼓聲不絕於耳。有位將領獻詐兵之計，羊祜卻呼喚左右侍從：「來，把他捉住。用美酒灌醉他，讓他開不了口。」

有人捉來了兩個吳國小孩，兩個小孩驚恐萬分。

羊祜寬慰地笑了，招呼壯士：「送他們回去，一定要找到他們的家，保證他們平安無事。」兩個小孩子破涕為笑。不久以後，吳國將領夏詳等前來投降，那兩個小孩子的父親因大受感動，也帶著部將來投降。

有一次，吳國將領陳尚、潘景入侵晉地，羊祜派兵追擊，截殺了他們。事後，羊祜卻隆重地給他們舉行了葬禮。羊祜高聲宣揚兩人是寧死不屈、報效吳國的忠臣。陳尚、潘景的弟子聞訊後，悄悄趕來送葬，羊祜以禮相迎，以誠相送。

吳國將領鄧香舉兵入侵晉朝夏口，一敗塗地，被羊祜活捉，羊祜卻微笑著吩咐鬆綁，饒恕了他。鄧香感激涕零，連連叩頭。他返身回吳，馬上帶領大隊人馬投降了羊祜。

羊祜的隊伍裡有著特殊的規矩：收割吳國的穀物當軍糧，要統計好數目價值，送給吳國百姓絲織品作為償還；羊祜和手下兵將在吳、晉邊界打獵、遊玩，總在晉地活動，從不踏上吳國土地；禽獸不識邊境線，有時亂竄，一旦禽獸被吳國人射傷逃到晉國這邊來，羊枯吩咐手下送還給吳國人。

沒過多久，吳國人對羊祜心悅誠服。吳國雖與晉國敵對，卻尊稱羊祜為「羊公」。跟羊祜對戰的吳國將領陸抗也嘖嘖稱讚：「羊公胸懷寬廣，連樂毅、諸葛亮都比不上他！」吳國人的心逐漸偏向羊祜。這一切，都為晉國征服吳國奠定了基礎。

對待敵人，可以用極端的手段，也可以用懷柔的手段；消滅能起作用，寬赦也會顯示其力量。因此，一個人如果想成為左右逢源、無往不利的社交高手，不妨從郭進和羊祜身上得到點啟發，學會以誠服敵、化敵為友。

03 與強手競爭，才能成為強者

一個人的旅途難免枯燥，一個人的比賽更顯無聊。一個真正意義上的對手，往往勝過一批平庸的幫手。

對手究竟是什麼？

對手是那個讓你情不自禁皺起眉頭的人。你常想，他某一方面與你能力相當，在上司眼裡，他的能力超過你，對你的職務升遷構成威脅。正因為這樣，對手也是那個讓你不敢怠慢工作的人。你總是擔心，假如工作一直沒有起色，無疑將落於人後，所以你把所有的精力都用在了工作上。

對手是那個經常就某些問題與你爭論不休的人。你雖然口頭上說他純屬瞎掰，卻又暗自感到對方的確言之有理。你明知他會把你反駁得體無完膚，卻不自覺地與他爭論起某個棘手的問題，爭來辯去，雖然你認為他的某些觀點有些荒謬，但此時你已感到對解決某個問題有幾分把握。

對手是那些對待某些問題時與你觀點相近的人。人有時必須自省，不妨找一找對手身上的優缺點，那些優缺點可能也屬於你。

因此，我們包容對手，認可對手的存在，必須與對手競爭並超越對手。與弱者競爭，勝算當然大，但很難成為強者。只有與強勁的對手競爭，才能謀求自身更好的進步發展，才能不斷拓展生存的空間，才能成為強者。

一心大師剛剃度的時候，在法門寺修行。法門寺是個香火鼎盛的名寺，每天暮鼓晨鐘，香客絡繹不絕。

一心想靜下心神，潛心修身，但法門寺法事應酬過於繁多，自己雖青燈黃卷苦苦習經多年，可談經論道起來，自己遠不如寺裡的許多僧人。

有人勸一心說：「法門寺是個名滿天下的名寺，水深龍多，納集了天下的眾多名僧，你若想在僧侶中出人頭地，不如到一些偏僻小寺中閱經讀卷。這樣，你的才華便會很快光芒顯露了。」

一心自忖良久，覺得這話很對，便決定辭別師父，離開這喧喧嚷嚷、高僧濟濟的法門寺，去尋一個偏僻冷落的深山小寺。

方丈明白一心的意圖後，問他：「燭火和太陽哪個更亮一些？」

一心說：「當然是太陽了。」

方丈說：「你願做燭火還是太陽呢？」

一心不假思索地回答道：「我當然願做太陽！」

方丈微微一笑說：「我們到寺後的林子去走走吧。」

法門寺後是一片鬱鬱蔥蔥的松林。方丈將一心帶到不遠處的一個山頭上，這座山頭上樹木稀疏，只有一些灌木和零星的三兩棵松樹。

方丈指著其中最高大的一棵，說：「這棵樹是這裡最大最高的，可它能做什麼呢？」

一心圍著樹看了看，這棵松樹亂枝縱橫，樹幹又短又扭曲，便說：「它只能做煮粥的劈柴。」

方丈又帶一心到那一片鬱鬱蔥蔥林子中去。

林子遮天蔽日，棵棵挺拔。方丈問道：「為什麼這裡的松樹每一棵都這麼修長、挺直呢？」

一心說：「都是為了爭著承接天上的陽光吧。」

方丈鄭重地說：「這些樹就像芸芸眾生啊，它們長在一起，就是一個群體，為了一縷的陽光，為了一滴的雨露，它們都奮力向上生長，於是它們棵棵都可能成為棟梁，而那遠離群體零零星星的三兩棵，一團一團的陽光是它們的，許許多多的雨露是它們的，在灌木中它們鶴立雞群。沒有樹和它們競爭，所以，它們就成了薪柴啊。」

一心聽了，思索了一會兒，慚愧地說：「法門寺就是這一片蒼蒼大林，而山野小寺就是那棵遠離樹林的樹了。方丈，我不會再離開法門寺了！」

在法門寺這片森林裡，一心大師苦心潛修。後來，終於成為一代名僧。

一個人的一生中難免會碰到不同的對手，也許對手在某一環境或某一時期給你的發展帶來一些衝擊，但就一個人的長久成長而言，從與對手的競賽中獲得內在的素質、能力更為可貴。人活於世，不能沒有幫手，也不可缺少對手，缺少對手的未來是可怕的未來。

一個人的旅途難免枯燥，一個人的比賽更顯無聊。一個真正意義上的對手，往往勝過一批平庸的幫手。我們來看一個商場上的例子。

在舊天津的商埠上，有兩家老字號的藥店。他們同處一條街上，一個名字叫濟世堂，另一個名字叫萬壽堂。

本來他們相互之間井水不犯河水，各做各的買賣，相安無事。誰知到了三十年代初，劉可發繼承父業，做了萬壽堂的老闆，他的經商思路和其父大相徑庭，他看不慣先父那種保守的經商之道，於是從價格、品種等方面對濟世堂藥店展開了全面的攻勢，勢在一舉擊垮濟世堂，使萬壽堂成為獨一無二的壟斷藥店。

生意世家出身的劉老闆畢竟身手不俗，憑著自己年輕、敢想敢衝，經營上有世家的底功，出手幾招，就把濟世堂搞得非常被動。在萬壽堂的強大攻勢下，濟世堂經營每況愈下，雖然很快就反應了過來，採取了一些補救措施，但已無法挽回敗局，終於宣告停業。

劉老闆得勝後，趾高氣揚，打算大幹一場，稱雄天津衛。不過，他哪裡知道，濟世堂並未被徹底擊敗，還沒有到非關門不可的地步，憑實力，濟世堂也完全可以再與萬壽堂較量一番。但濟世堂的老闆卻沒有那樣做。他不願直接面對萬壽堂鋒芒逼人的挑戰，也不願最終弄到兩敗俱傷。他避開萬壽堂的正面進攻，自己採取以退為進的策略迎接挑戰。

既然不能與萬壽堂同街經營，走遠一點總可以吧？

不久，濟世堂在遠離萬壽堂的一條街上重新開張了，但鋪面已比原來的門面遜色多了，昔日大藥店的氣派已蕩然無存。

消息傳到萬壽堂劉老闆的耳朵裡，他不禁喜形於色：「濟世堂，你已經被我擊垮了，再也別想回到這條街上來與我抗衡、爭地盤、搶顧客了。」

得意之餘的劉老闆，放了濟世堂一馬。過了一些日子，濟世堂的又一家分號開業了，仍然是小鋪面，也仍然躲著萬壽堂。有人把這個消息告訴劉老闆：「老闆，濟世堂又開了一家分號，我看買賣不錯，應該是想東山再起，我們不能不防啊！」

但此時的劉老闆仍然做出不以為然的樣子：「怕什麼，那種小藥店成不了氣候，藥店靠的是信譽，大藥店才能讓顧客放心大膽地買藥，我看他們是在一個地方混不下去了，不得已而為之，不用怕。」

往後的很長一段時間內，濟世堂頻頻開了幾家類似的小藥店，而萬壽堂的生意也差不多，兩者相安無事，以前搶奪「地盤」的恩怨，似乎已經過去。不曾想，三年之後，濟世堂突然一招「回馬槍」，將平靜的水面攪渾。

濟世堂突然出人意料地宣佈，自己將在老店舊址重新開業。此前，他們已暗暗從買主手中買回了店址的產權。經過一番維修、裝飾，濟世堂在鞭炮聲中重新殺回了萬壽堂的身邊。萬壽堂的劉老闆看見這個景象，驚駭不已，他沒想到被自己已經打敗的濟世堂還會捲土重來。

劉老闆想重新組織力量，再像三年前那樣發動一次商戰，趁濟世堂立足未穩，把它再一次趕出去。可是他很快便發現，這已是不可能了。到這時他才真正瞭解到濟世堂在三年中，已經開發了一批分號，形成了一個完整的體系，而在其內部採取統一的經營方針，集中進貨，分散經營銷售，自然銷量大得多。

同時，令劉老闆吃驚的是，在自己的周圍，早已佈滿了濟世堂的分號，萬壽堂已在濟世堂的層層包圍之中。

自從濟世堂總店恢復之後，買賣熱鬧非凡，十分暢銷，顧客絡繹不絕，接踵而至，再加上分號的銷售，每年盈利不少。而萬壽堂的生意較以前清淡了許多，倒有「門前冷落車馬稀」之感。

對於萬壽堂來說，一個真正相配的對手，是一種非常難得的資源。因此，不要把自己的對手當作敵人，倘若對手沒有一絲力量，又怎麼能成為自己的對手呢？針鋒相對，只能走向狹隘；放開胸襟，正面較量，在競爭中謀求自己的發展，才是一個人真正自信的表現。

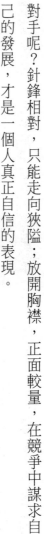

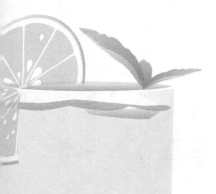

04

不偏執，不妄念

當你手中抓住一件東西不放時，你只能擁有這件東西，如果你肯放手，你就有機會選擇別的。

自從盤古開天闢地，人類便開始了無休止的爭鬥。人們總是為了這樣那樣的事情爭鬥不休，為了錢財，為了土地資源，為了意識觀念，為了名聲地位，為了情愛……說到底，世界上所有的爭鬥都是為了一個「利」字。

每個人都希望自己快樂地生活，但爭來鬥去帶給人們的卻是無盡的煩惱。有人說，與天鬥其樂無窮，與地鬥其樂無窮，與人鬥其樂無窮。當真是「樂無窮」嗎？其實是煩惱無窮。

天地你鬥得過嗎？雖然取得一點眼前利益，但大自然的報復又豈是人力所能抗拒的？與人鬥，倒有可能鬥得過，但這中間也是煩惱百生。

清遠和尚曾強調：「修行須離念」。所謂的離念，就是超越自己的所思所想，用佛家的話講就是破除「我執」。為了說明什麼是離念，他給弟子們講了一個生動卻又讓人哭笑不得的故事：

有一持戒僧夜間行走時，腳下踩到一個東西，吱咕作響，於是他心生疑慮，以為自己踩死了一隻蛤蟆，並且是一隻腹中孕育著無數小蛤蟆的母蛤蟆。結果他一路上驚悔不已，越想越覺得自己罪孽深重，直到後半夜仍然坐立不安，難以入眠。

終於睡意襲來，他朦朧中看見數百隻蛤蟆前來索命，驚惶之中他一直坐待天曉。天一亮便立即破門而出，跑到夜間踩到東西的地方。找尋了很久之後，才發現他踩到的東西只不過是一條爛茄子。持戒僧頓時釋然。

清遠和尚告訴人們的是，很多事其實都是自己心中作怪，這就是我執、妄念。由於自心污染、暗昧，處處以「我」為中心，便產生了各種煩惱、迷惑。雖能了達「人我」是空，卻固執一切諸法，不能了達一切事物都是隨著客觀條件的變化而變化。由此便產生出種種妄念：貪、嗔、癡、慢、疑、身見、邊見、邪見、見取見、戒禁取見，這些煩惱又可產生出無量無邊的煩惱。

佛說：「人有八萬四千煩惱」。不管從什麼角度來探討，障蔽自性清涼自在的根本煩惱，終究離不開我見、我愛、我慢、我癡這四大煩惱，而要去除這四大惡源，也惟有從心下手，才能究竟解脫。

「我見」，就是看法不同。一般人，都會執著在五蘊，即色、受、想、行、識，背後有一個永恆不變的實體，也就是有一個實實在在的我，這種意識形態，會導致凡事以自我為中心，認為只有自己親眼所見才是對的。由於強烈的「我見」，致使人與人之間產生不必要的爭執，好比夫妻之間，因為看法不同而發生爭吵，兄弟之間因財產分配不均而對簿公堂，這種事情我們多有耳聞。

「我愛」是指深深執愛著自我，通俗而言，就是所謂私心。人最大的私心，莫過於愛自己，凡是和自己有切身關係的人情世故，都是他貪戀、佔有的物件。

從情感的角度來說，夫妻、男女之間的感情，是獨一無二、不容許第三者介入的，連子女對父母的情感，也不容他人佔有和分享。因貪愛所造成的煩惱，其實是無量無邊的。

所謂「我慢」，是指以「我」為一己之中心，由此所執之「我」而形成驕慢心。簡言之，即指自尊心過分強烈的心態。自尊心過於強烈的人，內心其實是脆弱的、無助的。他們常常為了保護自我，不容他人譭謗、批評，於是雖然給自己套上一個聖人的外殼，其內心卻充滿著高低不平的尊嚴，希望獲得他人的尊重。

而「我癡」可以說是一切煩惱、痛苦的根源。「癡」在經典上又解釋為無明，即內心無光明、無智能。人的內心如果沒有智慧，就會有偏差的行為。

當一個人只能依靠外界的讚美過日子，或受到外在環境影響，而激增對物欲的需求，或癡想一步登天、一夜成名之時，他將會因期待與失望而陷入苦痛焦慮的深淵。

在這個世界上，不乏為名為利而汲汲營求高官厚祿的人，而當有那麼一天，讓他從小人物變成了大英雄時，往往會因為過度自我膨脹，遭人所惡所棄，可憐的是他卻身陷其中仍不自知，依然囂張跋扈，惟我獨尊。他雖擁有一身虛名，卻必須處心積慮維護自己的地位、權勢，甚至因此不惜出賣、傷害他人，以保護自己。

春秋末年，晉國有一個蠻橫不講道理、貪得無厭的貴族叫智伯。他自己本來有很大一塊封地，但他還是嫌不夠。有一回，他平白無故地向魏宣子索要土地。

魏宣子也是晉國的一個貴族，他很討厭智伯的這種行為，不肯給他土地。魏宣子的一個臣子叫任章，很有心計，對宣子說：「您最好給智伯土地。」宣子不理解，問：「我憑什麼要白白地送給他土地呢？」

任章說：「他無理求地，一定會引起鄰國的恐懼，鄰國都會討厭他；他如此利慾薰心，一定會不知滿足，到處伸手，這樣便會引起天下的憂慮。您給了他土地，他就會更加驕橫起來，以為別人都怕他，他也就更加輕視自己的對手，而更加肆無忌憚地騷擾別人。那麼他的鄰國就會因為害怕他、討厭他而聯合起來對付他，那樣他便不能這樣長久下去了。」

任章見宣子點頭稱是似有所悟，又接著說：「《周書》上說，『將要打敗他，一定要暫且給他一點幫助；將要奪取他，一定要暫且給他一點甜頭』，說的就是這個道理。所以，您不如給他一點土地，讓他更驕橫。再說，您現在不給他土地，他就會把您當他的靶子，向您發動進攻。您還不如讓他與天下人為敵，使他成為眾矢之的。」

於是，宣子馬上改變了主意，割讓了一大塊土地給智伯。智伯嘗到不戰而獲的甜頭，接下來便伸手向趙國要土地。趙國不答應，他便派兵圍困晉陽。這時，韓、魏聯合，趁機從外面打進去，趙國在裡面接應，裡應外合，內外夾攻，智伯便滅亡了。

正如證嚴法師開示的說法：「不爭的人才能看清事實；爭了就亂了，亂了就犯了，犯了就敗了。」智伯就是這麼敗的。要知道，普天之下，並沒有一個真正的贏家。洞穿世相的人與世無爭，一切遵循自然規律行事，不主觀妄為，反而獲得了別人所無法爭到的東西，這正是不爭之爭。

一個始終按客觀規律辦事的人，自然不會有什麼過失。在這裡，有一個關於日本白隱禪師的一個故事，從中可以看出「大德，無我執，無妄念」的境界。

從前，有個姑娘和人戀愛，未婚先懷孕了。父親追問孩子的爸爸是誰，姑娘說白隱禪師是孩子的爸爸。

這位憤怒的父親便找到白隱禪師，用棍子把他痛打了一頓。白隱禪師面對這種不白之冤，無由之禍，也沒有辯解，更沒有抵抗，而是任由那位狂怒的父親把自己揍了一頓。

後來，孩子生下來之後，被扔給了禪師，禪師也就把孩子接受下來，悉心照料，每天去各處乞討奶水餵養孩子，時刻面對大家的譏笑、譴責、鄙視和辱罵。

當孩子真正的父親從外面避完風頭回來，看到這種情景，心生愧疚，便與姑娘一同來找禪師請罪，並向大家說明了真相。

這時禪師也沒有什麼特別的情緒，只是說：「既然孩子是你們的，你們也願意要了，那就把孩子抱回去好好養育吧。」

一個斷除了「我執、妄念」的人，就是這樣待人處事的。

佛說不要用抗拒的心態來面對這個世界，凡事以對立的心態對待，嘮叨、抱怨就會永無斷絕，如此便難以寬容的心來原諒和接受他人的不同見解，於是就很難活得快樂、自在。

當你手中抓住一件東西不放時，你只能擁有這件東西，如果你肯放手，你就有機會選擇別的。

人的心若死執於自己的妄念，不肯放下，那麼他的智慧也只能達到這種程度而已。

我們要想解脫，就一定要先瞭解自己內心的毛病，面對現實、面對社會，走出「我執」，做到「離念」，以智能來圓融事相、超脫凡情。因此，佛說：「世上沒有任何人能夠給你痛苦，惟有你自己。」智慧之言，的確值得我們深省啊。

05 勝利並不意味著打敗所有人

高調之人，汲汲以求得名，然而名聲卻離他而去；低調之人，拒絕名聲放棄利益，把自己的光環讓給別人，卻往往能夠留得美名傳。

一個人一旦小有成就，不免會為自己的成功感到興奮，貪功的想法自然會有，這是人的本性使然。可是，不知人們想過沒有，雖然功勞屬於你了，等待你的將會是什麼呢？聰明之人，懂得在關鍵時刻將桂冠戴在別人頭上，接受榮譽的人自然會記得你的這份人情，日後當你需要幫助的時候能助你一臂之力。

關於這一點，在《雜寶藏經》卷一中有一個《羅摩讓位》的故事。

很久以前，也就是人們都能活一萬歲的時候，有一位叫做「十奢」的大王，統領著須彌山南的閻浮提洲。十奢王的大夫人生了一個兒子，叫做「羅摩」；二夫人有一兒子，叫做「羅漫」；三夫人生的兒子叫「婆羅陀」，四夫人生的兒子叫「滅怨惡」。這些兒子中，羅摩太子非常勇武，力大如神，且有神弓神矢，凡聽到弦響箭發，必能傷敵，無人能擋。

大王最寵愛三夫人，曾對她說：「我現在就是給妳全部的財寶也不吝惜啊。妳要什麼都隨妳的心思。」三夫人答道：「我沒有什麼要求。以後有的話，再告訴你吧。」

有一次，大王生病，危在旦夕，便立太子羅摩代自己為王。羅摩以帛束發，頭戴天冠，形態合宜，如王者的規矩。

這時，三夫人來探望大王的病，因為羅摩繼承了王位，她自恃受寵，心生嫉妒，便對大王請願道：「我想讓我的兒子為王，廢了羅摩。」

大王聽了這話，很是為難：太子已被立為王了，想廢太子不合禮制，但先前已向三夫人許過願了。十奢王從來未失信過，而王者的規矩也不能前後違逆，失了信用。想到這裡，大王便廢了羅摩。

這時，羅摩太子的弟弟羅漫便對哥哥說：「兄長你有大勇神力，還有神弓神箭，為什麼不用，卻受此恥辱？」

太子答道：「違逆了父王的意願，是不孝。三夫人雖非我生母，但父王敬待她，她便是我的母親了。婆羅陀弟弟性情和順，實在沒有別的想法的。像我這樣，雖有勇力且有神弓箭，難道就可對父母兄弟做出不該做的事而加害於他？」羅漫聽了沉默不語。

十奢王擔心兄弟之間挑起爭端，就將羅摩、羅漫兄弟二人流放到深山之中，要十二年之後才准回都城。兄弟二人接受了父王的詔令，沒有一點怨恨，便辭別父母，遠入深山了。

婆羅陀被立為王，但他和羅摩等二位兄長一向很好，且懷著深深的敬意。他去向羅摩的母親大人跪拜，恭敬孝順，勝於往常。

十二年間，婆羅陀幾次去請兄長回國，但羅摩心意堅決，不願回去。婆羅陀知道大哥不肯回去的原因，便依順了他。他討得羅摩的皮靴作為信物，滿懷惆悵，帶回國內去了。

他統攝國政，常將羅摩的皮靴放置在王座之上，朝夕禮拜，如待兄長。他還常派人到山中請哥哥回來，但二位兄長因為父王有令十二年才回都，年限還沒滿，為了盡孝盡忠，不敢違命。

十二年快要到了，婆羅陀又多次勸請，羅摩也已經得知他敬皮靴如禮兄長，有感此情，便回國都。

到了都城，婆羅陀就讓位給兄長，婆羅陀再次推託說：「哥哥是嫡長子，繼承父王之位的正該是你。」羅摩卻推辭說：「父王給了你，我不該取代。」婆羅陀無奈，只得接受，更加尊重羅摩。

可見，但凡聰明者，他們獲得最終勝利的原因不完全取決於外界因素，更多的取決於自己的做人方法。羅摩把王位讓給弟弟，將桂冠戴在了別人頭上，結果反而得到更多的榮耀與讚美。

所以說，高調之人，汲汲以求得名，然而名聲卻離他而去；低調之人，拒絕名聲放棄利益，把自己的光環讓給別人，卻往往能夠留得美名傳。我們來看歷史上的一個例子。

後漢隱帝時，大將郭威曾任兩軍招慰安撫命。他領兵平定以李守貞為首的三鎮（河中、永興、鳳翔）割據後，回到了開封（當時叫大梁）。

郭威入朝參拜後漢隱帝，皇上對他進行表彰，並賜予金帛、衣服，玉帶等一大堆獎品，郭威一一加以推辭，道：「為臣自領命以來，僅僅攻克一座城池，有什麼功勞可言呢？況且我又領兵在外，而鎮守京城，供應所需，使前方不缺糧，這都是朝中大臣的功勞啊。」

後來，後漢隱帝又提出加封郭威為地方藩鎮，郭威還是不受，道：「宰相位在臣上，未曾分封藩鎮，還有節度使也有功勞」。

後漢隱帝發覺郭威淡泊名利，十分難得，打算再賞賜他，郭威第三次推辭道：「運籌策劃，出於朝廷；發兵供糧，來源藩鎮；衝鋒陷陣，出於將士，功獨歸臣，臣何以堪之！」

郭威反反覆覆推辭皇帝的獎賞，雖然有點不給皇帝情面，但是將功名歸於大家的做法，實在是很高明。他這麼做，不僅免遭上下左右的嫉妒中傷，而且在朝廷中留下了好名聲。明代小說《醉醒石》中，說了這樣一個故事：

有一個叫姚一祥的小吏，曾經救濟過一個外地的秀才，這秀才發跡後正巧做了姚一祥的上司。

為了報答姚一祥當年的周濟之恩，上司讓姚一祥為幾名真正冤枉的死囚說情，然後由上司將他們釋放，並讓姚一祥從囚犯家屬那裡每人收取一千金的人情。

姚一祥乘此機會開脫了七名真正冤枉的死囚，救了他們的命，然而並沒向他們的家屬索要金錢。上司以為姚一祥替囚犯洗冤，已得到了七千金的酬銀，也足以報答當年對自己的周濟之恩了，便讓他帶著七千金回家養老。

姚一祥沒有為自己聲辯，而是按照上司的指示離開了衙門。

事後，上司才瞭解到姚一祥分文未取，十分感動，應眾人之請，將姚一祥載入名宦祠中。

小說家最後寫道：「而今姚君不得銀子，竟說得了七千，誰肯如此冒空名，失實利？既能雪人之冤，又不拿人之財，又不邀己之譽，以討上臺的獎賞，豈不大聖人、大菩薩的心腸？只怕這樣人，古今來不多見的。」

其實，姚一祥的放棄不是放棄，而是一種得到。放棄了金錢，得到的是「又不邀己之譽，以討上臺的獎賞」的「大聖人、大菩薩心腸」的好名聲。

眾所周知，人皆有好名之心，內心常有一種出人頭地的渴望，期待著有一天能「一炮而紅」成為名人。於是，我們常常發現，那些在自己的領域，做出一點成績的人，認為自己是多麼的與眾不同，是多麼的應該被別人景仰。他們的眼睛中只看見自己，不停地炫耀自己，吹噓自己，儼然一副趾高氣揚的樣子。殊不知，他們的這種行為令別人十分反感的，這樣使他離成功越來越遠。

因此，一個人要講述自己的故事，先要靜下來傾聽別人的故事；一個人要成為公眾的焦點，先要學會把光環讓給別人。這時，他的內心會升起一種奇妙的平靜感，他的成功自然地昭示著一種無須聲張的內涵，才會越來越受人歡迎。

06 一枝獨秀，是榮耀也是危險

有時候不自我表現，給別人機會，反而會顯得與眾不同；不自以為是，寬容他人，反而會超出眾人；不自誇成功，尊重對手，反而會進步。

人活於世，有時候不自我表現，給別人機會，反而會顯得與眾不同；不自以為是，寬容他人，反而會超出眾人；不自誇成功，尊重對手，反而會進步。相反，那些盲目自傲，不寬容，固執己見，自以為是，好大喜功的人在任何一方面都是很難成功的。原因很簡單：一枝獨秀，是榮耀更是危險。

在《佛說雜譬喻經》卷十六中有一個名為《國王的賞賜》的故事，可以說明這一點。

在遙遠的東方，有一個很大的國家，非常繁榮昌盛。但不幸的是，這個國家的國王得了重病，請遍了國內所有的名醫，治療了十幾年，都沒人能把國王的病治好。

國王的病日益加重，大臣們到處尋訪能治國王病的醫生。他們得知鄰近的一個國家中，有位醫術很高明的醫生，就把他找來給國王治病。

這個醫生來到國王的寢宮為國王治病。他對國王說：「其實，大王的病不難治好。您是過於養尊處優了，才得了這種富貴病。您應該馬上禁食油膩，吃些粗茶淡飯，我再給您開些藥，病就會好的。」

國王病了那麼長時間，受夠了病痛的折磨，儘管心裡不太相信，但還是按醫生的話去做了。過了一段時間，國王的病果然減輕不少。

國王心裡很高興，問醫生：「既然我的病這麼容易就能治好，為什麼我的國家那麼多名醫都無法治好我的病呢？」

醫生說：「那些醫生並非治不好大王的病，只是他們不敢像我一樣說真話罷了。他們明知大王總吃山珍海味，過於油膩，積了食，但不敢讓大王吃粗茶淡飯，又給大王開了很多補藥，大王的病當然不會見好，反而越治越嚴重了。」

國王聽了，連連點頭，說：「言之有理。你確實是最高明的醫生，不僅會治病，而且會講道理，我受益匪淺哪！」

醫生繼續留在皇宮為國王治病。國王的身體恢復得很快，已經能上朝聽政了。於是，醫生去向國王辭行，準備回到自己的國家去。

國王笑著說：「感謝你治好了我的病，你既要回去，我也不便強留，官門外是我送你的車馬，可以送你回家去。一路上慢慢走，慢慢看，你會明白的。」

醫生很高興，謝過國王，走出宮去。

看到門外的車馬，醫生愣住了：那是什麼樣的車馬呀！一匹瘦得肋骨都數得清的老馬，一輛搖搖晃晃又破又舊的木輪車。

醫生真有些生氣了，心想：「堂堂一個大國的國王，竟如此賞賜別人，真不可思議。」他嘆息著，坐上破馬車，往回家的路上走去。

剛剛駛入自己國家的邊界，醫生就看見有人在放牧一群大象。他來的時候，是不曾見到這些大象的。於是他停住車，問趕象的人：「這些大象是誰的？」

趕象的人奇怪地看看他，回答說：「難道你不知道嗎？這是為國王治好病的那個醫生的呀！全國都知道了。那個醫生治好了鄰國大王的病，這是國王賞給他的。」

醫生心裡有些怪自己：瞧，那個國王並不像你想像的那樣，只是他贈的東西你不知道罷了。啊，有這麼多大象，我將來把牠們賣了，就會有很多錢了。

沒走多遠，醫生又看見了路旁有一群駿馬在吃草。

醫生問牧馬人道：「這麼多駿馬，是哪家人的？」

放馬人回答道：「這是國王贈給為他治好病醫生的！」

醫生心裡不由得一熱，心想：原來，國王不僅送給我很多大象，還送給我很多馬。

他繼續往家趕路，走了不遠，看見有人在放牧一大群牛羊，牛羊全都又肥又壯。

他問牧人：「這些牛羊是誰家的呢？」

牧人回答道：「哦，是醫生家的，他為國王治好了病，國王用這些牛羊表達自己的謝意，並讓我為他放牧。」

看來又是國王贈的，醫生心裡更熱了，他簡直不知道自己有多少大象、馬、牛、羊。他回家的心更急切了，想趕快回到家中，把這些好消息告訴等待自己的妻子，讓她也高興高興。

他駕車來到自己從前居住的地方，卻找不到原來的小屋和原來的柴門。出現在他眼前的，是金碧輝煌的樓堂殿閣，如蓬萊仙境一般。

醫生找到看門人，問：「原來住在這裡醫生的家，搬到哪裡去了？」

看門人說：「這裡就是醫生的家，你有什麼事嗎？」

醫生說：「我就是醫生本人啊！」

看門人立即熱情地為醫生打開屋門，恭恭敬敬地請醫生進去。

醫生進到屋裡，到處都裝飾得很得體，他東張西望，目不暇接。正在看著，一位高貴美麗的夫人走了出來，醫生急忙低下了頭，不知所措地站在那裡，他心裡想：「這位仙女般美麗的貴夫人，怎麼會在我的家裡？」

誰知，那位貴夫人卻一直朝醫生走來，親熱地叫著他的名字，噓寒問暖：「你什麼時候回來的？路上辛苦了，快到裡屋休息休息……」

醫生聽到這熟悉的聲音，抬起頭來，驚喜地說道：「啊，我親愛的妻子，原來是妳呀，我簡直不敢相認了！」

醫生妻子說：「都是國王給的呀！這房屋，這衣服，這一切！」

醫生說：「還有許多的大象、駿馬、牛羊，國王給的財產實在是太多了。而我，不過是給他治好了病，我做的實在太少了。看來，國王真是用心良苦啊。」

國王的賞賜是耐人尋味的，他深知人的本性，為了防止醫術高明的醫生由於一步登天而忘乎所以，國王確實是用心良苦，採用這樣的方式來告誡醫生不要驕傲，切莫狂妄。

誠然，擁有長於別人的優勢是一件好事，但是關鍵在於怎麼使用。真正聰明的、有智慧的人會發揮自己的優勢，那是因為他們深藏不露，不到正確時候不會輕易使用，一定要貌似平常，讓他人不眼紅。一味地耍小聰明，不管必要或不必要，不管合適不合適，時時處處顯露精明，不僅無益於成功，還往往招來禍根。歷史上的楊修就是典型代表之一。

楊修是曹營的主簿，他是很有名思維敏捷的官員和敢於冒犯曹操的才子。

當時，劉備親自打漢中，驚動了許昌，曹操率領四十萬大軍迎戰。曹劉兩軍在漢水一帶對峙。曹操屯兵日久，進退兩難。一日，適逢廚師端來雞湯，曹操見碗底有雞肋，有感於懷，正沉吟間，有將入帳稟請夜間號令，曹操隨口說：「雞肋！雞肋！」人們便把這作為號令傳了出去。

行軍主簿楊修當即令隨行軍士收拾行裝，準備歸程。眾將大驚，請楊修至帳中細問。楊修解釋說：「雞肋者，食之無肉，棄之有味。今進不能勝，退恐人笑，在此無益，來日魏王必班師矣。」大家信服，營中諸將紛紛打點行李。曹操知道後，怒斥楊修造謠惑眾，擾亂軍心，便把楊修斬了。

後人有詩歎楊修，其中有兩句是：「身死因才誤，非關欲退兵。」這是很切中楊修之要害的。

為什麼呢？且聽下面的分解。

原來楊修為人恃才放曠，數犯曹操之忌。曹操曾造花園一所。造成後曹操去觀看時，不置褒貶，只取筆在門上寫一「活」字。

楊修說：「門內添活字，乃闊字也。丞相嫌園門闊耳。」於是翻修。曹操再看後很高興，但當知是楊修析其義後，內心已忌楊修了。

又有一日，塞北送來酥餅一盒，曹操寫「一合酥」三字於盒上，放在臺上。楊修入內看見，竟敢來與眾人分食。曹操問為何這樣？楊修答說：「你明明寫「一人一口酥」嘛，我們豈敢違背你的命令？」曹操雖然笑了，內心卻十分厭惡。

曹操兵出潼關，到蘭田訪蔡邕之女蔡琰。蔡琰字文姬，原是衛仲道之妻，後被匈奴擄去，於北地生二子，作《葫笳十八拍》，流傳入中原。曹操深憐之，派人去贖蔡琰。匈奴王懼曹操勢力，送蔡琰還漢朝。曹操把蔡琰許配董杞為妻。

曹操一日去訪蔡琰，看見屋裡懸一碑文圖軸，內有「黃絹幼婦，外孫臼」八個字。曹操問眾謀士誰能解此八字，眾人都不能答。只有楊修說已解其意。曹操叫楊修先勿說破，讓他再思解。

告辭後，曹操上馬行三里，方才省悟，原來此含隱語「絕妙好辭」四字。曹操也是絕頂聰明的人，卻要行三里才思考出來，可見急智捷才遠不及楊修。

凡此種種，都是楊修的聰明犯著了曹操。楊修之死，植根於他的聰明才智，禍起於他的「一枝獨秀」。也許人們會說，楊修的死關鍵在於曹操的聰明和多疑。但是，換作其他人，尤其是上司也不大願意讓部下全部知道自己的心思和用意。顯然，楊修最終非失敗不可，這可算是「聰明反被聰明誤」的典型例子。因而，楊修之死給我們留下了重要的教訓和啟示。

才不可盡露。楊修是絕頂聰明的人，也算爽快，且才華橫溢，其才蓋主。這恰恰犯曹操的大忌。孰不知，有些帝王將相是不喜歡別人勝過自己的。而楊修卻恃才放曠，無所顧忌，碰上曹操這個生性多疑的「奸雄」，能不碰壁嗎？人不可「小聰明」。楊修的確很聰明，他能聰明得看透別人看不到的許多東西，能猜透別人猜不透的東西。然而，他又太愚蠢了，愚蠢得不知道如何保護自己。終於，他的表面的聰明使他愚蠢地走上了絕路。

07 入鄉隨俗，摒棄偏見

畢竟，改變的只是你的一部分。

在《六度集經》卷五中有這樣一個故事。

很久以前，有兩個兄弟各自辦了一些貨物，出門去做買賣，走著走著，來到一個國家。這個國家的人們都不穿衣服，叫做「裸人國」。

弟弟說：「這裡的風俗習慣與我們家鄉完全不同，要想在這裡做好買賣，可實在不容易啊！不過俗話說：『入鄉隨俗。』只要我們小心謹慎、講話謙虛，按照他們的風俗習慣辦事，想必就不會有什麼問題了。」

哥哥卻說：「無論到什麼地方，禮義不可不講，德行不可不求。難道我們也要光著身子與他們往來嗎？這太傷風敗俗了。」

弟弟說：「古代不少賢人，雖然形體上有所變化，但行為卻十分正直。

所謂『隕身不隕行』，這也是戒律所允許的啊。」

哥哥說：「這樣吧！你先去看看情形，然後派人告訴我。」

弟弟答應道：「是！」於是先進入了裸人國。

過了十來天，弟弟派人告訴哥哥：「一定得按當地的風俗習慣，才能辦得成事。」

哥哥生氣地叫道：「不做人，而要照著畜生的樣子行事，這難道是君子應該做的嗎？我絕不能像弟弟那樣做。」

裸人國的風俗是每月初一、十五的晚上，大家用麻油擦頭，用白土在身上畫上各種圖案，戴上各種裝飾品，敲擊著石頭，男男女女手拉手，唱歌跳舞。弟弟也學著他們的樣子，與他們一起載歌載舞。

裸人國的人們，無論是國王，還是普通百姓，都十分喜歡這個弟弟，關係非常融洽。國王買下弟弟帶去的全部貨物，並付給他十倍的價錢。

哥哥也來了，他滿口仁義道德，指責裸人國的人這不對，那不好，引起了國王及人民的憤怒，大家把他抓住，狠狠地揍了一頓，財物也全部被搶走了。全虧了弟弟說情，才把他放了。

兄弟兩人準備動身回國，裸人國的人們都熱情地跑來為弟弟送行，對哥哥卻是罵不絕口。哥哥氣壞了，卻也無可奈何。

俗話說：入鄉隨俗。也就是說，到了某個地方，總有一些當地的規矩或者準則，不能不注意或者需要遵守的，這也是此地與彼地的不同之處。當然，這並不是要求你完全放棄自己的習慣和所好，而是基於一種對他人的尊重而應有的禮節。

你在異地認識一些新朋友，就必須做到入鄉隨俗，才能更好地展開友誼。學會一些簡單的當地語言，如「你好」；學會品嚐當地的美食；學會尊敬當地的禮節。這些並不要求你改變自己原有的習慣小節，而會幫助你儘快地得到他人的喜愛和賞識。

關於入鄉隨俗的好處，大概有三點：

一、有利瞭解當地的民風民俗。

二、表示對異鄉人民生活習慣的尊重，自己的隨和，容易與人打成一片。

三、不要為別人帶來太多的麻煩。

總之，這樣做只有好處，沒有壞處。下面是一位旅遊者的自述，我們不妨從中探求一二。

經常聽到有人說到一個新的地方就要入鄉隨俗，要適應當地環境。我從十七歲開始就到不同的國家和不同的文化習俗環境下生活，很自然的就抱著一種不下結論一種觀察的心態去面對新環境。

這幾天陪伴太太和岳母在香港、新加坡遊玩，也使得我有機會深入地去觀察每個人對陌生環境的反應和應對方式。

很多時候，一個陌生的環境是很可怕的，因為我們不知道接下來會發生什麼事情。既然結果難以預測，我們也往往在能控制的行為上進行自己比較擅長和熟悉的行為。

比如說當我們第一次看到義大利麵的時候，我們有一種拿起筷子去夾的衝動。這樣的反應還是比較間接的。很多時候我們的習慣就在我們沒有來得及思考的時候就自然而然地出來了。

最容易測量我們是否能控制自己的方式，莫過於觀察自己對自己不喜歡吃的食品的反應。記得在西藏旅遊的時候，我們幾個人要求領隊帶我們到藏族餐廳吃一頓，結果菜上了以後，吃了兩口，只有一人繼續吃，將自己面前的吃完了。當藏族奶茶上的時候，也只有一人喝完了整杯。其他同行的都露出「難以下嚥」的表情。

這次在新加坡介紹小姨子吃雞，可是在眾目睽睽下她說：「這麼難吃的東西居然還有人吃！」

這已經不是第一次了，之前她對一些用馬來調味料做的菜餚也有類似的反應。於是只好給她上一堂課，叫她自己不願意吃就算了，不要批評食物難吃，因為這些菜式是很多當地人喜歡的菜，也是不同民族的基本菜式，雖然未必合乎所有人的口味，但是卻還是有很多人喜歡吃的。

自我檢討了一下自己以往在面對陌生環境時的反應，發現自己是偏向於沒有什麼反應，一切以不變應萬變。按兵不動地觀察，儘量按照當地的文化或習慣來行事，如有不明，就先問個究竟方才行事。就算吃飯，一個沒有吃過的菜餚，定當先瞭解自己想吃的這一道菜是應該如何吃法。因為認為這是對異國文化的尊敬和重視。

由此看來，當我們運用自己固有的認識來衡量一個自己還很陌生的世界時，我們就與當地文化發生了對抗，其實這是大可不必的，因為這種對抗表示我們是在分別人我，也是在樹立一面將我們自我封閉的圍牆。另外，筆者還在報紙上見過這樣一則消息。

德國有數千名在文化、教育和經濟等各個領域佔有比較重要位置的華僑華人，他們主動地融入到了德國社會之中，並憑藉自己的勤奮和不懈努力，成為德國社會裡受人尊重的一個群體。

在漢堡州銀行上班的黃潔女士在德國已經生活了七年。她說，剛來這裡上學的時候，從心裡就主動把自己當作德國社會的一員來看待，主動跟德國的同學和朋友接觸，跟他們學習當地的各種習俗，所以她很快「融入當地」。

張偉不到四十歲，卻已經是漢堡大學從事電腦研究和教學的終身教授。他說自己成功的經驗是善於取長補短，將德國人的執著敬業和中國人的聰明靈活結合在一起，運用到自己的工作和生活中去。他說：「對德國人好的方面我總是採取開放和吸收的態度。」

看看眼前，現代交通網路尤其發達，我們常常做客異鄉，也常常碰到外地人。因為習慣不同，常常有矛盾發生。身在異鄉的人要麼容易驕傲自大，要麼容易自卑自憐。

有驕傲自大心態的人常常入了異鄉卻不肯入鄉隨俗，使當地人產生反感而有意無意地疏遠了他自己；有自卑自憐心態的人常常感覺到自己受到了歧視，有時甚至到了過敏的地步。

其實，「四海之內皆兄弟」，我們需要的是更多的融合和交流，而不是自占一方。學會放寬胸懷，去認識一些新鮮事物。沒有人會因為你講外語就說你是外國人，畢竟，改變的只是你的一部分。

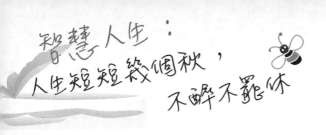

08

智慧認同，而不是固執分裂

你不可能喜歡所有的人，你可以不欣賞、不喜歡他，但是你不能輕視他，他只是和你不同而已，你要尊重這種不同。

慧能大師即將圓寂時，他對自己的弟子們說：「你們來看一看，是否能把這些捆在一起的箭折斷？你們試過之後我將會給你們解釋一下與它們連在一起的祕密。」

大弟子把箭捆拿了過去，用盡全力也沒有折斷。

二弟子接過來試了試，但也是白費力氣。

三弟子試了試，也沒有成功。

這捆箭沒有一個人能折斷，連一根箭也沒有折斷。

這時大師說道：「你們真是些沒有力氣的人。現在讓我來表演給你們看看，遇到這類情況，我能用我的力氣來做些什麼吧。」

然後，大師把箭捆拆開，接著毫不費力地將它們一一折斷。

大師說道：「你們看到了吧，這就是團結的力量。徒兒們，願同門之情讓你們聯合起來。請你們答應我，你們之間將親密無間。但願我在臨去之時，能聽到你們的承諾。」

團結、合作的重要性是不言而喻的。也許世人的成功，所走過的道路有千千萬萬，但總有一些共同之處，團結協助是許多成功人士的共同特性。團結是一件快樂的事情，有些事情只有團結合作才能做成，一個人的力量終究是有限的。而且，你在個人生活和職業生活中的成功，大部分取決於你與他人是否團結。

「團結」是指在群體環境中普遍發生的社會關係。群體，一般被定義為一起工作以實現共同目標的一群人。群體的成員互相作用，彼此溝通，在群體中承擔不同的角色，並建立群體的同一性。

群體的成功要涉及一些複雜的思考和語言能力，而這些能力正是許多人沒有系統掌握或完全擁有的。

那些在社交方面成熟的人，他們極容易適應任何的群體環境，能與許多不同的個體進行友好的交流，與他人和諧而富有成效地共事，用清楚的和有說服力的觀點影響群體的思考，有效地克服群體的緊張和自我主義，鼓勵群體成員創造性地工作，並能使每一個人集中精力，朝著共同的目標前進。

眾人團結起來一起工作，與一個人單打獨鬥相比有許多好處。群體成員具有不同的背景和興趣，這就可以產生多樣化的觀點。實際上，團結他人可以產生出任何個人只靠自己所無法具有的創造性的思想。

此外，群體成員互相幫助和鼓勵，每個人都能貢獻出他獨特的技能，團體的一致性和認同感激勵著團體成員為實現共同的目標而努力奮鬥，這是一種「團隊精神」，它能使每個人最大限度地實現自己。

當然，團結並不等於沒有原則的遷就。我們經常說世界上沒有兩片完全相同的樹葉。每個人都是獨一無二的，出身背景不同，所受的教育不同，人生的經歷不同等等，決定了每個人都會擁有自己不同的思想情感、性格氣質、思維方式。在一個文明的社會裡，只要個人的行為不妨礙社會的健康發展，不妨礙他人的生活，它就有存在的權利，任何人都沒有權利也不能消除這種差異。

因此，我們不能指望得到每個人的認同，不能與每一個人都成為知心的朋友，你也不可能喜歡所有的人，你可以不欣賞、不喜歡他，但是你不能輕視他，他只是和你不同而已，你要尊重這種不同。

當然，也不要在與別人交往中，一味地遷就別人，因而丟掉了自己的個性。

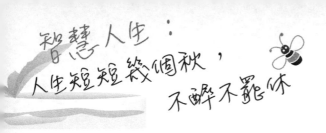

09 高調做事低調做人

聖賢之士之所以寂寞，是因為他們志存高遠而淡泊名利，因為他們高調做事卻低調做人。

能把自己的理想付諸現實的人，一定不缺少責任感和使命感。有了責任感，就會懂得「利他」；有了使命感，就會勇於擔當。成功者一定能意識到，雖然這個世界有許多人，我只是人群中的一分子，但是，我要在人群中實現使命。這個使命是什麼呢？就是「先天下之憂而憂，後天下之樂而樂」的奉獻精神。

五年前，沈先生到了一所最普通的山區小學教學。由於沈先生的為人和教學深得他人的喜歡，後來居然當上了校長。再後來，他到學校應聘當大學教師。沈先生不是一個擅長說話的人，在一次接受電視採訪時，他顯出了「鄉下人」的樸實。

「沈先生，你去大學應徵的時候，是不是這樣說的：我曾是一名小學教師，累積了一些教學經驗，所以來貴校應聘大學教師？」

沒想到沈先生這樣回答：「大概就是這樣的。」

沈先生的話讓很多人都會心地笑了。但更有意思的還在後頭。學校給沈先生的工資是每月四萬元。沈先生去問別人，四萬元在這裡是不是很高了？別人說，是算高了。於是，沈先生主動找學校，把工資降到兩萬元。

學校一再堅持，沈先生不肯讓步，說：「怎麼也不能超過三萬元。」最後，學校給他每月兩萬九千元。

主持人問：「沈先生，你每月薪資夠用嗎？」

沈先生說：「夠了，我每月的錢除了吃飯，就用來給家裡打打電話，幾千元就夠了！」觀眾中有不少人「哇！」地一聲發出驚歎，覺得不可思議。

節目中讓沈先生帶來了他所有的家當：一個還不及我們平常出門旅遊背的那麼大而「內容」豐富的帆布袋。而讓我們怎麼也想不到的是，這便是沈先生五年來累積下的「財富」。主持人讓沈先生向大家展示一下他的家當，沈先生的臉紅了一下，打開了他的帆布袋，裡面的東西是這樣的：

一頂帽子。他戴著向人展示時，人們看見了他眼裡的驕傲。

一本相冊。裡面是他的親人和朋友，還有他教過學生的照片。

一個用精緻相框鑲好一家人溫馨的合影。

兩套換洗的衣服。其中有一件西裝外套，那是沈先生的爸爸年輕時穿過的，整整四十年了。

沈先生向觀眾展示時，還有些驕傲地說：因為它漂亮啊！

一雙未洗過普通的運動鞋，那不是一雙名牌球鞋。沈先生將它拿出來的時候，說什麼也不讓主持人碰，他說：「這鞋很臭的！」剩下幾樣飯碗、口杯、牙刷、刮鬍刀等生活必需品。

沈先生讓人感動的是他那種無私奉獻的精神。無私奉獻，使人們有了更加開闊的胸懷和更加高遠的志向。

一個甘於奉獻的人，是由於他對人生有了一種深刻的洞察和把握，真正地認識到大凡名利之類的東西，不外乎是一些生不帶來、死不帶去的身外之物。因其如此，他們才會在人世間的各種你爭我奪中處於泰然的地位，克制住自己內心的慾望。

與此相反，不甘奉獻的人，便常常在五光十色的慾望中失去自我，在誘人的名利面前淪為奴隸。為一點點的蠅頭小利爭得頭破血流，為微不足道的權力和官職打得你死我活。

聖賢之士之所以寂寞，是因為他們志存高遠而淡泊名利，因為他們高調做事卻低調做人。個人的名利得失比之於全體大眾，是微不足道的。古代人有「先天下之憂而憂，後天下之樂而樂」的情懷，我們現代人更應該有淡泊名利、無私奉獻的精神境界。

當然，我們應該承認，在現代生活中，要想實現淡泊名利、無私奉獻是很不容易的，要想在絢麗多彩的世界面前抑制自己的衝動是要花費很多力氣的，要想在金錢和名譽面前泰然處之不得不需要相當大的毅力。但是，一旦能夠做到淡泊和奉獻，就可以獲得極大的益處。

對此，非常重要的一點就是不要把自己的目光總是集中在一時一事之上，而要從一個長遠的時間中去看待世事的起伏和變化，去評價自己的行為和追求。這樣，你便不會為他人的成功而心生嫉妒，也不會因為別人的亨通而自慚形穢了。那時候，在你身上，已經具備了一種不可戰勝的神奇力量。

10

給他人留餘地

在這個世界上，給人一條生路就是給自己一條生路，給人留餘地就是給自己留餘地。

有時候，人們形容一個人的狠毒會用「狼心狗肺」這個詞，意思是說人心比狼狗還要狠毒。不過，細細品味我們會發現，狼不如人類狠毒。狼常常為了爭奪食物而鬥爭，失敗的一方會把自己最薄弱的部位暴露給對方，表示認輸，而勝利者也絕不會置對方於死地，牠只要得到「戰利品」也就結束了戰鬥。然而，人就不一樣了，由於個人的私利或小摩擦，一方總想置對方於死地而後快，人心之惡，真是令人生畏。在慈悲方面，我們有時還不如禽獸。

因此，佛說：「救人一命，勝過七級浮屠。」在這個世界上，給人一條生路就是給自己一條生路，給人留餘地就是給自己留餘地。人，不可把事做絕，要留後路，要存善念，要積善德，這樣終究會得福報。關於這一點，以下三個方面是值得我們尤為注意的。

一、照顧他人顏面，不刻意滋事

在與人交往中，我們都會有尷尬的感覺，為什麼會這樣？原因就在於你沒給對方留餘地，或對方沒給你留臺階。這個時候，如果是一個度量小的人，就一定會翻臉不認人，最後連朋友也沒得做。

人總是愛一點面子的，當雙方在一起的時候，都要考慮一下：這句話說出去，會不會讓對方難堪？或做這件事會不會替他招惹什麼麻煩？如果都能這樣想的話，那說話辦事也就不會有那麼多麻煩和誤會了。我們來看一個幽默而親切的故事。

在一家餐館裡，一位老太太買了一碗湯，在餐桌前坐下，忽然想起來，麵包忘了拿，於是又去櫃檯上取麵包。當她回來時，卻發現在她的座位上坐著一個人，而且更令人吃驚的是那個人正在喝自己的湯。

「他無權喝我的湯。」老太太尋思道，「可能他太窮太餓了吧。算了，不跟他計較，不過，不能讓他一個人把湯全喝了。」於是老太太坐在那人對面，拿起湯勺，不聲不響地開始喝湯。

就這樣，兩個人都默默無語的喝著一碗湯。

過了一會兒，那人忽然站起來，端來一盤麵條，放在老太太面前，面裡插著兩把叉子。兩個人也不說話，又埋頭共吃一碗麵條。等到吃完了，各自起身，準備走了。

「再見！」老太太說。

「再見！」那人說。

那人走後，老太太才發現旁邊的一張餐桌上，擺著一碗湯，一碗顯然被人忘了喝的湯……

當然，那位陌生人有足夠的理由，不讓老太太和他喝同一碗湯，但他沒有拒絕，他不聲不響地與她喝湯，還特意端了盤麵條，繼續與老太太共用。大家試想一下，如果把那人換成你，你會怎麼做？如果不能給別人留面子，那麼別人也絕對不會給你臺階下的；你嘲弄別人，別人也一樣會嘲弄你。

我們再來看《晏子使楚》的故事。

楚王為羞辱晏子，故意與他站在前廳說話，然後押上來一個「盜賊」，說是齊國人，很顯然就是想讓身為齊國人的晏子難堪。

可是晏子卻用了一個比喻就把楚王的嘲弄推翻，還弄得楚王很難堪：「大王，江南有桔樹，如果把他移栽到江北，就變成了枳樹，之所以如此，那是隨著地方的不同而發生了變化。當今的齊國人，在齊國很守本分，從來不偷不盜，到了你們楚國就胡非作為，這大概是你們楚國的惡習薰染的吧。」

讓對方丟臉，這只實用於對方妄圖欺侮我們的時候，日常生活中，我們絕對不能故意嘲弄對方。

二、說話辦事自然得體，不犯人忌諱

有的人說話總是不分場合，不分對象，無意中揭露了別人的隱私，犯了別人的忌諱，不知不覺中就惹禍上身了。

明太祖朱元璋出身貧寒，當了皇帝之後自然少不了有昔日的窮哥兒們到京城找他。這些人滿以為朱元璋會念在昔日的情份上，給他們一官半職，誰知朱元璋最忌諱別人揭他的過去，認為那樣有損自己的威信，因此對來訪者大都拒而不見。

有位朱元璋兒時一塊兒長大的好友，千里迢迢從老家鳳陽趕到南京，幾經周折總算進了皇宮。一見面，這人便當著文武百官的面大叫大嚷起來：

「哎呀，朱老四，你當了皇帝可真威風呀！還認得我嗎？當年咱倆可是一塊兒光著屁股玩耍，你幹了壞事總是讓我替你挨打。記得有一次咱倆一塊偷豆子吃，用破瓦罐煮，豆沒煮熟你就先搶起來，結果把瓦罐都打爛了，豆子撒了一地。你吃得太急，豆子卡在嗓子眼兒，還是我幫你弄出來的。怎麼，不記得啦？！」這人喋喋不休嘮叨個沒完，寶座上的朱元璋再也坐不住了，心想此人太不知趣，居然當著文武百官的面揭我的過去，讓我這個當皇帝的臉往那兒擱。盛怒之下，朱元璋下令把這個窮哥兒們殺了。

這就是不分場合亂說話、不給人留餘地的下場。誰都有缺點，都有自己的忌諱之處，如果這些被人當面說出來，對當事人來說，無疑是被人家打了一個耳光，而揭人之短的人不給人留情面、留餘地，除了招致對方的怨恨、報復外將一無所得。

三、顧及對方感情，巧妙地拒絕他人要求

對於許多人來說，拒絕別人是一件很困難的事情。當別人對他們提出要求時，他們不好意思說「不」，因為這樣很可能會傷害對方的感情，造成兩個人的關係疏遠。但是，有時候如果答應別人的要求自己又確實有難處，或

者自己會喪失許多東西。許多人在面對這種矛盾時都十分苦惱，不知道該怎樣辦。

其實，在自己確有難處，或者如果答應別人的要求自己的利益會損失很大的情況下，我們應該拒絕別人。但是，拒絕別人要考慮對方的情感，儘量做到不傷害雙方的感情。怎樣說「不」也是一門學問。

三國時期的華歆在孫權手下時，名聲很大，曹操知道後，便請皇帝下詔招華歆進京。華歆起程的時候，親朋好友千餘人前來相送，贈送了他幾百兩黃金和禮物。華歆不想接受這些禮物，但他如果當面謝絕肯定會使朋友們掃興，傷害朋友之間的感情。於是他便暫時來者不拒，將禮物統統收下來，並在所收的禮物上偷偷記下送禮人的名字，以備原物奉還。

華歆設宴款待眾多朋友，酒宴即將結束的時候，華歆站起來對朋友們說：「我本來不想拒絕各位的好意，卻沒想到收到這麼多的禮物。但是，匹夫無罪，懷璧其罪。想我單車遠行，有這麼多貴重之物在身，諸位想想我是否有點太危險了呢？」

朋友們聽出了華歆的意思，知道他不想收受禮物，又不好明說，使大家沒面子，他們內心裡對華歆油然而生出一種敬意，便各自取回了自己的東西。假使華歆當面謝絕朋友們的饋贈，試想千餘人，不知道要推卻到什麼時候，也不知要費多少口舌，使得大家都很掃興，而華歆卻只說了幾句話便退還了眾人的禮物，又沒有傷害大家的感情，還贏得了眾人的嘆服，真可謂一箭三鵰。

華歆為什麼能夠成功地謝絕饋贈呢？這主要是因為華歆委婉地拒絕朋友，而沒有讓他們丟面子。他在拒絕朋友時，沒有坦言相告，而是找了一個「對自己人身不安全」的理由，雖然朋友們也知道他是在故意推辭，但不會以此為意。

我們在拒絕別人時應該注意不使他們的面子受損。如果既拒絕了別人的要求，又讓他們丟了面子，那麼他們心中必然會產生不滿情緒。可是，如果在拒絕別人的要求時，不讓對方丟面子，使別人非常體面地接受拒絕，結果可能就會大不相同了。

II 火大燒人也燒己

情緒總是能夠輕而易舉地控制人們，而且很多時候人們無法注意到自己已經被情緒控制了。

在《經律異相》卷八中有一個「口角落日」的故事：

從前有兩個人，一個叫提羅，一個叫那賴。他們立志要有所成就，於是遠離人群，到深山老林裡修道。不論春夏秋冬，他們都睡在石洞裡，穿著野草編成的粗糙衣服，鋪著野花編成的墊子，餓了就吃野果，渴了就喝泉水。

經過長期的修行，他們學會了五種本領：眼睛可以洞悉一切，無所不見；耳朵可以聽見一切細微聲音；身體可以隨意飛到任何地方；內心可以知道所有人的想法；甚至可以預測數年後將要發生的事。

由於這兩個人神通廣大，本領高超，無論是婆羅門、佛家弟子，還是仙人、聖人、龍王及一切鬼神，無不欽佩，都來向他們頂禮膜拜。

一天夜裡，提羅由於長時間誦經感到十分疲乏，先睡了。當時那賴還沒有睡，一不小心踩了提羅的頭，使他疼痛難忍。

提羅心中大怒道：「誰踩了我的頭，明天清早太陽升起一竿子高的時候，他的頭就會破為七塊！」

那賴一聽，也十分惱怒地叫道：「是我不小心踩了你，你幹什麼發那麼重的咒呢？器物放在一起，還有相碰的時候，何況人和人相處，哪能永遠沒有個閃失呢？你說明天日出時，我的頭就要裂成七塊，那好，我就偏不讓太陽出來，你看著好了！」

那賴施了法術，第二天太陽果然沒有升起來。

五天過去了，太陽仍然沒有出現，全國各地處在一片漆黑之中。無論是國王、大臣，還是老百姓，都覺得一定是發生了什麼可怕的事情，但誰也不知道這到底是怎麼回事。人人膽戰心驚，全國陷入恐慌之中，到處是燈籠、火把、蠟燭以及惶惶不安的人群。

國王請來僧人，請教他們該怎麼辦。

在這群僧人中，有一個人才學超群，有未卜先知的本領。他掐指一算，明白是怎麼回事，連忙報告國王說：「陛下！據我所知，這是由於山裡兩個得道的修道人，發生了一些小摩擦，所以壓住太陽，不讓它升上天空。」

國王著急地問：「照你看，有什麼辦法可以使他們停止爭吵呢？」

僧人建議道：「請大王立即率領全國百姓，不分男女老少、職位高低，到那兩位修道人的地方去，請求他們和解。即使他們對對方心懷不滿，為了百姓的利益，他們還是會和解的，畢竟他們是心地善良的人嘛！」

國王想不出更好的辦法，只得聽從僧人的建議。他立即派人飛馳各地，傳達命令。很快，老百姓及文武官員都集合好了。國王率領著這支長長的隊伍，大家高舉著火把進到山裡，找到了那兩位修道人。

國王先見到那賴，立刻跪下叩頭說：「聖者啊！國家富饒，人民生活安定，這都是托了你們的福！而現在兩位不和，都是我不好，與老百姓沒有關係，請您設法消除老百姓的恐懼，使他們重新安居樂業吧！」

這時，那賴已經認識到自己賭氣造成的後果，說：「陛下！要是提羅願意和解，我就立刻把太陽放出來。」

國王又去提羅那裡，請求他與那賴和好，讓百姓免除憂慮。可是提羅已發出的咒語是收不回來的。

聰明的國王對那賴說：「你在頭上塗滿泥，然後把太陽放出來。」

那賴照辦，放出了太陽，燦爛的陽光照耀著大地山河，一切是那麼明亮、溫暖。就在這時，那賴頭上的泥殼被太陽炙烤，破得七零八落，那賴本人則安然無恙。兩個修道人和好如初，共同幫助國王治理國家，全國老百姓都安居樂業了。

一個人的怒火能使自己失常，也會連累大眾一起受難。故事中得道的兩位修道人的行為就是這樣，因為他們的小矛盾，竟使得人們幾天不見光明。所幸的是，事情最終能夠得到圓滿的解決——兩位修道人和好如初，人們重見光明，安居樂業。但更多的時候，因怒火而起的麻煩並不會都能如此輕易化解，因此，佛陀奉勸人們無論對人對事，都應心平氣和，冷靜理智地對待，而不要輕易動怒，做出對自己對別人都不利的事情來。

喜怒無常、心浮氣燥的人，往往意氣用事，這是一種病根。想必這樣的病根大家都有，也嘗過這個病根帶來的苦滋味，然而，這個病根卻並不太容易拔出。

在生活中，小孩子多少都會出一些問題。

有一個十二歲的男孩和自己的父親有一些誤會，當他摔跤、受傷或是犯錯的時候，他的父親從來不會溫柔地安慰他，而是用粗暴的言語訓斥他。比如說，「你這個孩子真笨」，「你怎麼會這樣」，「你真讓人操心」。就算這個小男孩是不小心的，他的父親也仍然要訓斥他。這讓孩子很委屈，也很不滿自己的父親。

他小小年紀就已經有了一個想法：如果我以後有了自己的孩子，我可不會這麼對他，如果他受傷或摔跤了，我會很溫柔地照顧他，把他摟在懷裡，愛撫他，幫助他，我才不會對他大喊大叫，那樣一點也不像真正的父親。孩子們需要的都是慈祥的父親，而不是粗暴和不講理的父親。

有一天，男孩的妹妹和其他孩子玩吊床，一不小心從吊床上摔了下來，頭正好撞到了石頭上，一下子就流出了鮮血，男孩非常生氣，他想叫的是：「妳真是夠笨的，看看妳把自己弄成什麼樣子了！」如果他喊出來了，那他豈不就成了父親那樣的人了嗎？還好，他沒有喊出來，他及時地控制住了自己，開始調整自己的呼吸和心念，於是他馬上有了全新的體悟，他知道，若他控制不住自己，就會像父親一樣。他根本不願意這樣對待自己的妹妹，他不想成為讓妹妹討厭的人，他想成為一個能夠幫助他人的人。於是，他真的做到了，他沒有責怪自己的妹妹，沒有粗暴地朝她吼叫，而是在她需要幫助的時候給了她幫助。

小男孩還發現，當初父親對自己大吼大叫的時候，不僅使自己感到痛苦，也使父親本人感到痛苦，父親也遭受了憤怒的傷害，很可能父親也並不想那樣吼叫，然而由於控制不住自己的脾氣，父親還是違背了自己的意願，發洩了憤怒。當小男孩想到這一點的時候，他不再怨恨自己的父親。

情緒總是能夠輕而易舉地控制人們，而且很多時候人們無法注意到自己已經被情緒控制了。這時候，不管是語言方面還是行為方面，人們都會傷害自己，同時也傷害別人。

下面是一些克服、處理並控制情緒的方法：

一、完全主宰自己

控制自己的情緒，要經過一個嶄新的思考過程。這個思考過程是很艱難的。因為，在我們生活中有許多力量試圖破壞個人的特性，使我們從孩童時候一直到成人都相信自己有無法克服的情緒，無法克服那麼就只好接受它們。在這裡要強調的是：你必須相信自己能夠在一生中的任何時刻，都按照自己選定的方法去認識事物，只有這樣，你才能做到完全主宰自己。

二、獨立思考

你的情緒來自你的思考，因此，你是能夠控制你的情緒的。這樣看來，你認為是某些人或事給你帶來悲傷、沮喪、憤怒和煩惱，這種想法可能是不正確的。你完全可以改變自己的思想，選擇自己的感情，新的思考和情緒就可以隨之產生。

三、尋找合理的方式釋放情緒

有的人在激動的時候，會去做些需要體能的活動或運動，這可使因緊張而動員的「能量」獲得一條釋放的出路；有的人在情緒不安的時候會去找要好的朋友聊天，傾吐心中的抑鬱，把話說出來以後，心情自然也會平靜許多；還有的人藉旅遊來使自己離開那些容易引起激動的環境，避免心理上的紛擾，等到旅遊歸來，心情不再緊張，同時事過境遷，原有的問題或許也已顯得微不足道了。

總之，能掌握自己情感的人是不會被擊垮的，因為他們能夠主宰自己、控制自己的情緒。他們懂得如何在失意中尋找快樂，懂得如何不受情緒的影響，理智地對待問題。

12 雙方相互體諒和寬容

學會寬恕別人，是對自己的一種解脫。

在《雜寶藏經》第三卷中有這樣一個故事：

有一位仙人名字叫定光，和五百仙人一起在山野草屋中居住。有一次，一位婦人路過當地，剛巧天降大雨，受了風寒，沒有地方躲避。婦女向定光請求寄住一宿，定光答應了。第二天，婦女走出草屋，被其他仙人看到，便有謠言說定光必然是和婦女同居共枕，有不乾淨、不檢點的行為。

這時，定光知道仙人們的心中意念，怕他們因為誹謗生事而要受到墜入地獄的懲罰，於是就用自己的神力飛升到天空中，在高空展示自己十八般神奇變化。

那些仙人看了說，「身子能夠離地這麼高，說明沒有淫慾，更何況在虛空中有神變。怎麼會做了慾事？我們怎麼能對一個清淨之人起誹謗之心呢？」於是五百仙人五體投地，曲躬懺悔，因此也得以免除誹謗的重罪。

定光的偉大不僅僅在於他的道德堅定，而且在於他對世事的通達和對他人的體諒寬容。在遭他人懷疑時，依然相信自己並寬容他人。所以，佛說：「要學會體諒，要學會寬容。」學會寬恕別人，是對自己的一種解脫。

只有體諒和寬容，才能以更好的姿態繼續向前生活。如果不原諒他人的過錯，心靈就會被怨恨佔據，受傷害的終究還是我們自己。當一個人原諒不可原諒的事情的時候，世界便屬於他了。

人世紛爭，無非「恩怨」二字，因恩生愛，因怨生恨，導致人際關係的鞏固或破裂。在日常生活中，由於一些具體問題處理不當而結怨的情況時常發生。如果不及時解決，輕則產生隔閡，影響團結，重則關係破裂，甚至到勢不兩立、兩敗俱傷的地步。俗話說：「冤家宜解不宜結。」如果冤冤相報，恩怨之爭就沒有期限了。

有兩個戲劇學院的同學，他們都很有才氣，一位是導演系的，一位是表演系的，畢業後一起進入了演藝圈，一位當導演，一位做演員。兩個人雖然彼此惺惺相惜，卻也因好強而暗中較量。

經過一段時間的努力，兩個人在工作中都表現得很出色，也各自擁有了一席之地。有一次，剛好有一部電影可以讓他們合作。這個導演對演員一向要求比較嚴格，所以在拍戲的過程中，即使是自己的同學也毫不客氣地加以指責，而已經是名演員的老同學也有自己的見解和個性，所以片場的火藥味總是很濃。

有一天，導演因為有個鏡頭一直拍不好，不禁怒火中燒，對著自己的老同學大發脾氣，脫口而出：「我從來沒見過這麼爛的演員！」名演員一聽，臉色蒼白地愣住了。

他走到休息室，不肯出來繼續拍戲。

經過眾人的勸說，導演走到休息室，對老同學說：「你知道，人在生氣時，難免會口不擇言，可是冷靜下來想了想……」

名演員一聽，對方是來道歉的，不禁頭抬得高高的。導演一見他那副模樣，竟然講不出後面的話來，過了半天才突然說：「我想了想……還是覺得你是個很爛的演員！」

此話一出，後果可想而知了，名演員退出了這部電影，兩人從此絕交。

兩個人在演藝圈奮鬥一生，漸漸老去。直到名演員患了重病，臨死前要求見導演一面。導演聽了急忙趕到醫院，在名演員咽下最後一口氣之前，淚流滿面地對他說：「我發誓，你是我這輩子所見過的最好的演員！」

名演員注視著老同學，含笑而逝。兩人多年的心結，雖然終於冰釋，只可惜太晚了。

剔除心中的仇恨，是寬恕別人，也是放過自己。心中放下了仇恨，也就沒有了負面情緒的困擾；心中放下了仇恨，人才會變得平和、安詳、輕鬆、自在。放下了仇恨，才能從內心深處散發出一種恬淡、從容、自信。

我們都是社會的一分子，想要離開社會是不可能的，我們平時吃飯穿衣，都有賴於社會各階層的分工合作。上學的時候，老師們的諄諄教誨使我們不再愚笨；等到我們進入了社會，又要依靠同事的協助和上司的賞識，才能發揮自己的才能，能夠有所作為。因此，如果我們想要自己的生活更順利一些，就必須學會體諒和寬容，與他人保持和諧的往來。

劉先生是個計程車司機，他通常都是大半夜才回家。有一次，他心情不好，回家時用力甩了一下門，這一下甩門聲，把他家對面的七十多歲的阿婆嚇醒了。

從這天起，每天夜裡回來時，劉先生都習慣性地甩一下門。但有一天夜裡，阿婆一直等到凌晨三點，還沒聽見對面的甩門聲，由於心裡不安，阿婆把自己的兒子叫醒了，兒子就問自己的母親怎麼了，於是阿婆說她沒聽見甩門聲睡不著。

兒子聽完後就在心裡默默地想著，第二天他買了一瓶潤滑油，敲響了劉先生家的門，他很婉轉地對劉先生說：「你家的門可能有點生銹了，晚上你回來的時候，一關門就響。你也知道，我媽年紀大了，怕吵，所以，我給你送一瓶潤滑油過來，擠點兒到門縫裡。我也是想當個孝順兒子，希望你能諒解。」劉先生點點頭，說他知道了。

當天夜裡劉先生回家的時候動作很輕，開門關門都沒有發出聲音。但是，對門的阿婆卻還是一整晚都沒有睡著。因為，她已經聽慣了甩門聲，突然聽不見了反而不踏實。

於是她抱怨自己的兒子，她說：「夜裡出車不安全，聽不見劉先生回來我睡不著覺，你還得去告訴他，以後回來接著甩門。」兒子照做了，當他把母親的意思轉告給劉先生的時候，劉先生感動的眼眶都濕了。

這兩戶鄰居就這樣默契地度過了很多個夜晚。

有一天，阿婆又沒有聽到甩門聲，直到夜裡兩點多也沒有聽到，她把自己的兒子叫起來，叫他打個電話給劉先生。劉先生的手機沒人接，阿婆十分擔心，叫兒子去劉先生的公司看看，公司說劉先生還沒回來。於是大家又打劉先生的手機，仍然沒人接，計程車公司發動了所有沒有出車的司機出去找劉先生。結果在郊區路邊的一條溝裡找到了劉先生，此時的劉先生已經昏迷過去，原來他出了車禍。

在醫院裡，劉先生剛剛醒來就想起一件事，他把自己家的鑰匙給一位同事，讓他幫自己回家甩甩門，目的是給阿婆報個平安。

經上說：「學佛法，先結人緣。」一個人結緣越廣，他得到的回報就會越大，幫助別人，其實就是幫助自己，因為自他是一體的。在平日的生活中，給人一個親切的笑容、一句由衷的讚美、一次體貼的服務、一聲真誠的慰問，都能帶給對方莫大的快樂，何樂而不為呢？

我們一生中，總會遇到許許多多令人生氣的事情，假如我們總想以怨報怨，那麼冤冤相報何時了呢？

智慧的人早就忠告人們：「愛你的仇人。」這話是很有道理的。有慈悲之心的人一定會以心平氣和的關懷心去包容他人，我們要包容那些意見與自己不同的人，這樣日子就比較好過，否則要是一直想改變他，那樣就會很痛苦。學會了體諒和寬容別人，我們也就為自己的心敞開了一扇門。

13 相鬥俱傷，相讓共得

朋友之間、戀人之間、夫妻之間在一起不要為彼此「誰付出的多，誰付出的少」而斤斤計較。

在《眾經撰雜譬喻》下卷中有這樣一個故事，很值得我們深思。

有個男子娶了兩位太太：大老婆膝下無子，小老婆則生了一位容貌端正、模樣可愛的男嬰。丈夫非常喜歡這個兒子，大老婆因此心生嫉妒，一心想害死小男嬰。在小男嬰大約一歲時，大老婆找到機會，用針刺入小男嬰的腦門，深入顱內。小男嬰因此而生病，不久便死了。

小老婆在各種證據顯示下，開始懷疑大老婆是兇手。由於喪子心痛，加上有仇未報的鬱悶感慨，她很快便憂鬱悲傷而死。

心懷怨結而死的小老婆為報殺子之仇，投生做大老婆的女兒。但女嬰才一歲就夭折了，令大老婆茶飯不思，悲痛欲絕。

之後，小老婆連續七次投生為大老婆的小孩。最後一次投胎時，她長得比過去更美麗，但是，在十四歲正要出嫁的夜晚，又不幸死去。

大老婆終日啼哭，將女兒停屍在棺中，也不肯蓋棺，整天看著棺材中的屍體，不說話也不進食。

過了二十幾天，有一位阿羅漢聖者知道了這件事，要藉此因緣度化二人，於是，聖者前往這戶人家托缽乞食。

阿羅漢聖者看見大老婆蓬頭垢面、憔悴不堪，就問大老婆：「為何如此？」

大老婆告訴聖者：「我前後生了七個女兒，都非常聰慧可愛，卻一個個死去。最後這個女兒，在要出嫁時也死了，實在令我痛不欲生。」

阿羅漢聖者問道：「家中過去有一位小老婆是為何而死的？」痛哭不止的大老婆聽了非常震驚，她欲言又止，心中感到慚愧萬分。

聖者說：「妳殺了小老婆的兒子，讓她憂愁悲憤而死。因此，她前後七次投胎成為妳的女兒，成為妳的冤家，意圖也讓妳悲慟憂傷而死。妳可以去探視棺材中死去的女兒，看看是否完好如初？」

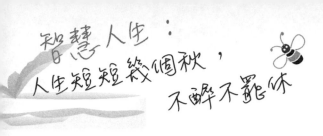

大老婆趕忙去看，卻見屍身居然已經壞爛臭穢，令人難以靠近。

聖者問大老婆：「如此不淨之身，妳何以貪念不捨？」大老婆感到慚愧至極，便立刻將她埋葬，並請求聖者為自己受戒。

次日，依聖者指示，大老婆前往寺中受戒。然而，小老婆卻變做毒蛇，擋在大老婆的路途中，想咬死她。

聖者知道這件事後，立即前往迎接。

他告訴毒蛇：「妳為報殺子之仇，前後七次投生做大老婆的女兒，彼此互結冤仇，來生勢必又將互相仇害，如此毒害輪轉無有窮盡……儘管如此，這些罪過尚可度脫。但是，如果妳現在阻礙她受戒，障人受戒惡報甚大，將生生世世墮入地獄，無有出期！」

毒蛇聽聞聖者的開示後，知道宿世的因緣果報，心中的煩怨委屈剎時冰消，低頭伏在道上。

聖者見此情景，隨即為兩人祝願：妳們二人由於宿世的業緣互相傷害報復，現在彼此應當解冤釋結，不要再惡意相向了；過去所造的種種罪過，從此悉數滅除吧！

俗語說：「冤冤相報何時了，苦苦相逼何時消？」大老婆、小老婆因怨恨而彼此冤冤相報，不斷承受苦果。幸好有阿羅漢聖者為二人開示，化解前仇，方能前嫌盡釋，消除惡緣。我們應當學習菩薩慈心廣大，不念舊惡，不憎惡人，多一些包容，少一些凶鬥暴殘，就像下面故事中的司機一樣。

有一次，在公車上一個青年往地上吐了一口痰，司機看到後對他說：「先生，為了保持車內的清潔衛生，請不要隨地吐痰。」

沒想到，那位青年聽後不僅沒有道歉，反而破口大罵，說出一些不堪入耳的髒話，然後又狠狠地向地上連吐幾口痰，這些舉動讓那位司機氣得面色通紅想狠狠的教訓他一頓。

車上的乘客議論紛紛，有為司機的，有幫著那個青年起哄的，也有擠過來看熱鬧的。有人悄悄地說把車開到警察局去，免得一會兒在車上打起來。

沒想到那位司機定了定神，平靜地看了看那位青年，對大家說：「沒什麼事，請大家回座位坐好，以免摔倒。」他一面說，一面從口袋裡拿出衛生紙，彎腰將地上的痰跡擦掉，扔到了垃圾桶裡，然後若無其事地繼續開車。

看到這個舉動，大家都愣住了，車上鴉雀無聲。

那位青年的舌頭突然短了半截，臉上表情也不自然起來，車到站還沒有停穩，就急忙跳下車，剛走了兩步，又跑了回來，對司機喊了一聲：「對不起！我錯了。」

車上的人都笑了，七嘴八舌地誇獎這位司機不簡單，真能忍，雖然罵不還口，卻將那個人給制服了。

在生活中，我們難免會碰到一些不講理的人，甚至是心存惡意的人，有時還會無緣無故地遭到這種人的欺侮和辱罵。每當遇到這樣的事，常讓人覺得忍無可忍。可是，不忍就會正好成了對方的出氣筒，也給自己帶來不必要的麻煩。就如同這位司機，如果他不忍，與那位青年吵起來，甚至對罵或動手，雖然他有理，可是結果對他有什麼好處呢？對那個青年有什麼教育意義呢？即使處罰了那位青年，他充其量表現出的也只是一個普通司機的反應；而忍讓了之後，則取得了道德上、人格上的勝利，震動了那位青年麻木的心靈。這難道不是「相鬥俱傷，相讓共得」的最好證明嗎？

一個成大事的人，不能處處與別人鬥，消耗自己的時間去和人爭論。無謂的爭論，對自己性情不但有損害，而且還會失去自己的自制力。

朋友之間、戀人之間、夫妻之間在一起不要為彼此「誰付出的多，誰付出的少」而斤斤計較，雖然說這是很正常的，但是如果處理不好的話，就像一盤可口的菜餚上灑了一把沙子，無論如何也是難以下嚥的。

佛言：「相鬥俱傷，相讓共得。」爭鬥是會傷害彼此感情的，即使你覺得自己在情在理，也要儘量避免。只有這樣，道德情操才會受到感染和薰陶，我們的社會才會更加和諧溫馨。

14 認可對手，提升自己高度

改變競爭對手對你的態度。

在《六度集經》卷一中有一個《仙歎理家本生》的故事：

有一些商人為了賺錢結伴下海去撈海底珍寶。有一個叫仙歎的人，也想碰碰運氣，就跟著一夥商人出海尋寶去了。

眾人辛辛苦苦地努力了許久，得到不少寶物，於是興高采烈地返鄉。一路上交通極為不便，天氣乾旱少水，每個人經過長途跋涉，都乾渴難忍。這時，仙歎忽然發現路邊有一口水井，就快步奔過去，開懷暢飲起來。

那些商人早已注意到，在仙歎採集的海中寶物裡，有一顆燦爛奪目的大白珍珠，是世上稀有的寶貝，他們心裡又羡慕又嫉妒，總希望自己也能得到。眾人一看，仙歎在井邊彎腰喝水是個天賜良機，便齊擁而上，將仙歎推到了井底。

由於仙歎做過許多好事，他的善行感動了天神，天神在這危險的時刻，在井底接住了他，使他安然無恙，連皮膚都沒有擦破。

仙歎回去後把商人們嚇壞了，都老老實實地招了供。國王聽說他們在歸來途中謀害仙歎，十分生氣，便下令把他們統統關進監牢，要將他們定罪。仙歎聞訊後，焦慮萬分，為他們請罪。

國人聞說，都交口稱讚，無不佩服仙歎的崇高道德。

仙歎與眾商人的關係可以說是夥伴，也可以說是對手。既然是對手，就必然存在競爭，只是故事中商人們的競爭手段未免有些卑劣，但是仙歎的做法卻令人信服，他認可對手的存在，反而提升了自己的高度。否則，結局就如同三國時期的周瑜一樣。

周瑜是東吳的大將，聰明過人，才智超群。然而，他卻妒忌心極重，容不得超過自己的人。他對諸葛亮一直耿耿於懷，幾次想除掉諸葛亮，卻未能得逞。

赤壁之戰，周瑜損兵折將，費了不少錢糧打仗，卻讓諸葛亮從中占了大便宜，氣得周瑜大叫一聲，舊傷復發。

後來，周瑜用美人計，騙劉備去東吳成親，被諸葛亮將計就計，結果是「賠了夫人又折兵」，氣得周瑜箭傷又復發。

最後，周瑜用「假途伐虢」之計，想謀取荊州，被諸葛亮識破，四路兵馬圍攻周瑜，並寫信規勸他，周瑜仰天長歎「既生瑜，何生亮」，連叫數聲而亡。

一個人對競爭對手的忽視，意味著在減弱自己的競爭優勢。當我們取得成功的時候希望有人為自己鼓掌叫好，可是當你身邊的競爭對手取得成功時，你是欣賞還嫉妒呢？會不會為他們叫好呢？如果你做不到，那麼別人也有足夠的理由做不到。

有人說：「為競爭對手叫好，並不代表自己就是弱者」。

的確，當你看到他人成功時，你為他鼓掌，給他們鼓勵，這樣就可以化解對方對你的偏見和不滿，改變競爭對手對你的態度。那麼，當你困難時，他會給予你幫助和支持；當你取得成功時，他會回報於你。那彼此之間也就可能把競爭簡化，也有可能成為要好的合作夥伴。

讓我們從歷史上著名的「將相和」中領悟一二吧。

戰國時期，藺相如身為趙惠文王手下的大臣。一次，趙惠文王與秦昭襄王相約會晤於澠池，商談盟約，藺相如也一同前往。

飲酒的時候，秦王為了顯示權貴，借著酒意要求趙王為他彈奏。由於在秦國的地盤上，趙王不便推託，只得彈奏一曲。秦王故意讓御史記錄下這件事，作為史料，以羞辱趙國。

藺相如見趙王受辱，立刻挺身而出，拿起桌上的瓦器，不慌不忙地走到秦襄王面前說：「趙王聽說秦王擅長演奏秦聲，我特奉上樂器，請求秦王擊瓦助興。」

秦王不理會，藺相如繼續捧著瓦器，態度強硬地說：「秦王你若不答應，我離你這麼近，足以和你同歸於盡。」

秦王被藺相如的氣勢所嚇住，考慮到自己的安全，無奈之下拿起瓦器，敲擊了幾下。藺相如立刻讓隨行的史官也記下：某年某月某日，秦王為趙王演奏。

秦、趙澠池之會以後，趙王回到趙國，因為藺相如功勞大，就任命他為上卿，地位在當時的趙國大將廉頗之上。

廉頗十分不服氣，對人說道：「我身為趙國的大將，有攻城拔寨的大功勞，藺相如只不過是耍嘴皮子，反而地位比我高，況且藺相如是一個出身地位卑賤的人。我位列他之下，感到羞恥。」並揚言道：「我如果碰見藺相如，一定要當面好好羞辱他一番。」

藺相如聽到這話以後，就故意躲避著不見廉頗。他每次上朝的時候，常常推說自己有病，不願與廉頗爭位次的先後。有一天，藺相如乘車外出，遠遠地看見了廉頗，就連忙令車夫掉轉車子躲避，不讓對方看見。

藺相如的家臣實在看不下去了，一起勸他說：「我們之所以離開親人而來投靠您，是仰慕您崇高的節操。現在您比廉頗職位高，他口出惡言，您卻怕他、躲他，這種膽小也未免太過頭了。我們作為普通人尚且感到羞恥，更何況您呢？我們沒有才能，請允許我們走吧！」

藺相如長歎一聲，攔住他們，說道：「大家認為廉將軍與秦王相比哪一個厲害？」家臣們回答說：「當然是秦王厲害了。」

藺相如接著說：「像秦王那樣威嚴的人，我敢在朝堂上大聲呵斥他，侮辱他的大臣們，難道會害怕廉將軍到那個程度嗎？我之所以避讓他，是考慮到強大的秦國之所以不敢侵犯趙國，很重要的一點就是因為我們兩個人在趙國的緣故。

一文一武正好輔助國家，現在兩虎相鬥，勢必不能同時生存。我是把國家急難放在首位，而把私人的仇怨放在後面。」家臣聽罷，沒有人不為藺相如博大的胸懷所感動。

後來藺相如的這番話傳到了廉頗的耳中，他深受感動，便脫去上衣，露出肩膀，背上抽打人用的荊條，來到相如府上請罪，說道：「我這個庸俗卑鄙的人，想不到您胸懷寬廣到這種地步。」

藺相如趕忙幫廉頗抽去荊條，讓他穿上衣服。兩人終於和好如初，並結成了同生死共患難的朋友。

認可競爭對手，並非攻擊競爭對手，更不是消滅競爭對手，而是接受競爭對手的存在，嚴格自律、良性競爭。惡性競爭不僅損人而且害己，而良性競爭卻可以增強自身的危機感與緊迫感，在工作中更加努力，在競爭中取得發展。

人類理所當然的需要競爭，「物競天擇，優勝劣汰」是競爭的規則。沒有競爭，就沒有蓬勃的生命力，人類就不會進步。但競爭並不是爾虞我詐，不擇手段的欺壓和排擠，更不是「你死我亡，勢不兩立」。過火的競爭只會導致彼此理性的倒退和喪失，最終也只能是兩敗俱傷。

15 大度集群朋

管理者要有虛懷若谷的容人之量，既能容人之短，又能容人之長，以此激發下屬的積極性。

在《佛教聖眾因緣集》上記載著這樣一段關於阿育王的故事。

距今二千多年前，由於阿育王福力特別殊勝，他統一了全印度。

有一天，阿育王召集群臣，問道：「現在天下，還有什麼地方不屬於我？誰敢不服從我？」群臣同聲回答說：「全印度都被大王統一了，沒有一個不稱臣服於大王的。」

這時，有一位大臣站起來說：「啟奏大王！據臣所知，大海中的龍王，不屬於大王。因為龍王向來不遣使來問候大王，也沒有任何寶物進貢。由此可見，他不屬於大王。」

阿育王想考驗一下自己的福德和威力，是否能夠懾服龍王，因此他發動了千乘萬騎的兵將，敲鐘擊鼓，旌旗展揚的來到海邊。

阿育王厲聲向大海呼喊說：「龍王！你在我的國界之內，為什麼抗拒不來見本大王呢？」他雖然再三呼喊，龍王卻安然不動，視若無睹。

阿育王問群臣說：「有什麼妙法，可以使龍王出來呢？」

這時，有一位尊者，稟告阿育王說：「時機若到，就可以使龍王出來。現在因為龍王的福德在大王之上，所以他不出來降服。大王如果不相信龍王的福德比較大，可用黃金二斤，一斤造龍王形像，一斤造大王形像。兩尊金像造完之後，如法加持修法，比量其輕重，就可以明白誰的福德大，較重的一尊就是福德大。」

於是，阿育王就依照尊者的辦法命人去造像，造成以後，稱驗的結果還是龍王的像重，人王的像輕。

尊者說：「龍王的福德，超於大王之上，所以他的像較重。大王的福德不夠，所以比龍王的像輕。若想輕者變重，必須修德培福，才能如願。」

阿育王聽聞尊者的開示之後，知道自己的福德淺薄，深感慚愧，因此更發奮精進之心，廣種福田。從此每天精進修持顯密佛法，又叩大頭，即使手已磨破，仍然竭誠的禮拜三十五佛。

阿育王的發心，稀有難得，他把私人的財產，全部用來供養三寶和佈施貧窮。又在各地建寺起塔，廣造佛像，印贈佛經，不計其數。如此種福，使供在密壇上的龍王金像，向他曲身合掌。

尊者說：「這樣的福德還不夠大，要使龍王向大王頂禮，全身伏地，大王的福德才夠大。」

於是，阿育王更加發大心，接受耶舍尊者的指導，取世王所藏的佛陀舍利四升，粉碎七寶末，而造八萬四千寶塔。又受護法神的協助，將此寶塔舍利，分遍閻浮提，同時安置供養。此外，更派遣高僧前往各國去宣揚佛法，使佛法遍滿於世界。

如此，三年不斷的精修佛法，廣種福田。到了最後，連阿育王自己睡覺用的枕頭，也拿去賣掉，來供養三寶。這時，龍王的金像，立即伏地向阿育王頂禮。

尊者向阿育王說：「現在可將兩尊金像，再稱驗其輕重。」真是不可思議，人像已經超過龍王像的重量了。尊者說：「大王可以征服龍王了。」

阿育王非常高興，便如前次一樣，帶領著大軍來到海邊。這時，龍王立即變化成一位青年婆羅門，來到阿育王的面前，長跪問候請安，並貢獻許多珍寶，自稱小臣。

可見，在人際關係的拓展中，個人威望的樹立，不僅與其綜合素養、道德品質有密切的聯繫，而且與其能力素質也直接相關。卓越的管理者必然是一個有感召力、有凝聚力的人，在工作過程中，他們總會表現出超群的領導才能，受到下屬的佩服、擁護。

當然，一個人要想有威望，有感召力，就必須心地坦蕩、胸懷寬闊。解決人們日常工作中的矛盾和誤解，最好的辦法是都能以寬廣的胸懷、包容的心態去對待，讓事實說話。這樣，有利於減少爭執，避免內耗，把雙方的心胸拓寬、照亮。寬容的心態能夠吸引和凝聚人才，而包容的心態能夠產生巨大的感召力。

《宋史》記載，有一天，宋太宗在北陪園與兩個重臣一起喝酒，邊喝邊聊，不一會兒，兩個重臣喝醉了，竟在皇帝面前相互比起功勞來，他們越比越起勁，乾脆鬥起嘴來，完全忘記了在皇帝面前應有的君臣禮節。侍衛在旁看著實在不像話，便奏請宋太宗，要將兩人抓起來送吏部治罪。宋太宗沒有同意只是草草撤了酒宴，分別派人把他倆送回了家。

第二天上午兩個重臣都從酒醉中醒來，想起昨天的事，惶恐萬分，連忙進宮請罪。宋太宗看著他們戰戰兢兢的樣子，輕描淡寫地說：「昨天我也喝醉了，記不起這件事了。」

管理者都難免遇到下屬頂撞自己、對自己不尊敬的時候，學學宋太宗，既不處罰，也不表態，裝裝糊塗，行行寬容。這樣做，既表現了仁厚，更展現了睿智，使自己威望倍增的同時又保全了下屬的面子，這豈不是一舉多得？

管理者要有虛懷若谷的容人之量，既能容人之短，又能容人之長，以此激發下屬的積極性。容人之短，就是要諒解或鼓勵他人的「合理錯誤」。「合理錯誤」是創新開拓過程中難免出現的錯誤。它與異想天開，盲目行動，違背客觀規律導致的錯誤有所區別。所以對「合理錯誤」要寬容，「不以一失掩大德」。

容人之短，古今中外不乏其例，但容人之長，許多管理者卻不易做到。

容人之長，就是容忍他人的長處。有些管理者總是認為下屬的長處超過了自己，就會危及自己的地位、威望或面子，存在「功高震主」或「才高震主」的思想。殊不知，下屬的長處發揮得越充分，甚至超越了自己，正是說明你領導有方，善於用人。許多事實證明，管理者不能容人之長，就會影響組織團結，影響優秀人才的成長，導致嫉賢妒能。

古人云：「大度集群朋」。一個人氣度寬宏，與人相處能求同存異，並儘量揚其所長，避其所短，才能產生巨大的凝聚力和感召力，使你高朋滿座，從者如雲，成就一番事業。否則，到頭來就會落得個眾叛親離、孤家寡人的境地。

16

是非恩怨莫放心頭

「是非恩怨莫放心頭」並不是軟弱，一個懂得「原諒」二字的人，原諒會成為他的無形武器。

人世紛爭，難免是非恩怨，如何看待是非，如何處理恩怨，一直是為人處世的重大課題。

人在受到外來的羞辱時，需要一點心胸寬廣的功夫。否則，為了面子，受到一點刺激就受不了，承擔不了委屈，喜怒哀樂都掛在臉上，這樣的人總是是非不斷。在這裡，先讓我們來看一個故事吧。

臨濟禪師雲遊到金牛禪師處時，金牛禪師一看到臨濟禪師，就把禪杖橫過去擋住廟門，臨濟禪師用手敲打禪杖三下，然後徑直就往禪堂裡的首座位置上坐下。

金牛禪師看到這種情形，不悅地說道：「凡是行腳雲遊的學僧，在謁見寺院主持時，無不按照一定的參學規矩，行賓主之禮，你是從哪裡來的？為什麼連這點基本禮節行儀都不懂？」

臨濟禪師誠懇地回答道：「我不知道老禪師您在說什麼？我敲打禪杖三下，不是早就向您行禮打招呼了嗎？」

金牛禪師聽後，更加不悅，剛要開口，臨濟禪師就動手用禪杖打金牛禪師。

金牛禪師此時終有所悟，但臨濟禪師卻又忽然道：「我今天不方便！」

金牛禪師順手一掌打去，口中道：「我此時倒很方便！」

臨濟禪師挨了一掌，反而哈哈大笑道：「的確不錯！我們今天不方便遇到了方便！」

後來，溈山禪師就問仰山禪師說：「這兩位前輩的對話，到底哪一個占了上風？」

仰山禪師回答道：「占上風者上風，居下風者下風！」

此話一出，旁邊座主不以為然地道：「占上風者未必上風，居下風者未必下風，上風何在？下風何在？」

仰山禪師和溈山禪師不約而同地說道：「正如座主所說，無風起浪！」

兩位禪師的對話，最初都以禮相見，但一言不合，拳杖相打，但他們互傳了「方便」與「不方便」的消息，到底什麼是「方便」，什麼是「不方便」，只有兩位禪師心裡知道，但仰山禪師、溈山禪師卻討論他們誰占上風、誰居下風，這就犯了無事生非的錯誤，在真正禪者的眼中，這只是「無風起浪」而已。

因此，我們就要理解佛祖的話：人生的是非恩怨，原是多端的。這千萬種不同的是非恩怨當中，有許多是因理智和情感的衝突所產生的。

我們的情感，要我們這樣做，可是我們的理智，卻告訴我們不應該這樣做，人生的悲喜劇，無非是冷酷的理智和熱烈的情感。如果我們說人一生的經歷，無非是情感和理智反覆消長的過程，也不為太過。

在現實生活中也有很多情節奇巧的故事，讓人不得不感歎世界如此奇妙。人海茫茫，在競爭激烈、各種利益關係交錯的社會中生活的每個人，都有傷害與被傷害的可能，恩怨情仇終能相遇。

俗話說：「冤冤相報何時了？」人們為什麼不能將一切惡行止於自己

呢？雖然說人性中善惡並存，難道人真的就非要向惡而不從善嗎？答案無疑是否定的。

既然是否定的，那麼我們就應該首先擺正自己的位置，懷有一顆理解、寬容、至愛之心，而不是冤冤相報、仇視報復的心理。

別人可能的確做了傷害你、對不起你的事，但你沒有權力去充當正義的化身，更不能用自己的方式去實施懲罰。如果你以審判者和執法者自居，最後不僅傷及無辜，而且必然傷害到自己，其受傷害的程度決不會亞於被報復的人。

我們常常感到有些人似乎帶有一些邪氣，有些人總令你不寒而慄，總想離他遠一點，有些人你即使想說服自己接受，但感覺始終對他充滿警惕。原因很簡單：正常人無法接受心理扭曲心態失衡的人，他們反感這類人，不屑也根本不願意與他們交往。

報復心重的人有時也想輕鬆暢快地與人交往，但骨子裡時不時露出的報復濁氣，令人望而生畏。

當報復心駕馭了人的靈魂時，人就無法自己了。從這一刻起，報復者就自己給自己判了無期徒刑。他傷害你在先，你懷恨於心在後，於是便勞心費神地盯著他，一心想尋找個機會報復。

報復之後，你能感覺到復仇的快樂嗎？你又得到了什麼呢？一時的意氣之爭，為圖片刻之快，你又失去了多少本該屬於你的快樂和輕鬆啊！費盡心機去精謀細劃，絞盡腦汁來苦苦算計，最終換來的僅僅是別人的敵視與更深的怨恨。

報復過後，你就開始了小心謹慎的生活，提心吊膽地過日子，生怕哪天一個不小心再被仇敵算計，這樣的日子能不累嗎？再說，你想報復人家，人家就等著你來報復？

翻看任何一個有關報復的案例，我們都會發現，報復是一件可怕的事，表面上看來似乎是快意恩仇，但是，報復往往是一把雙刃劍，它在將劍刺進對方身體與心理的同時，也傷害了自己。

在生活中有更多的人也許沒有過激的言行，但是，卻會在內心的深處埋藏著對他人的仇恨，雖然由於自制力強沒有釀成大禍，但那份埋藏的仇恨卻像一頭野獸一樣撕咬著他的內心，很苦也很累。仇恨不是唯一解決問題的方式，當別人以惡劣、無理的態度對待我們時，我們要學習用慈悲去包容，以理智去面對，而不是仇恨和報復。

有一對相愛的男女打算結婚，但女方的父親嫌男方書讀的不夠多，家裡又窮，就是不同意，而且還出言不遜，羞辱於他。

然而，這對戀人愛得很深，不顧反對，決意結合。

結婚後，岳父不許他們進家門，從此父女關係決裂，幾年間兩家人互不來往。後來，岳父年紀大了，身體不好，思想有些鬆動，卻又不好意思向晚輩低頭。

還是女婿想得開，覺得這樣僵持下去對任何一方都沒有好處。他想，人都可能犯錯，自己作為年輕人不應該苛求老人，考慮到老人的面子，他決定拋棄前嫌，主動言和。於是，在岳父七十大壽時，他托人送去壽糕和生日賀卡。接到禮物後，岳父一改固執的態度，叫女兒和女婿回家。

不久後，老人中風癱瘓，女婿請假到醫院日夜守護，為老人把屎把尿，老人被感動得痛哭流涕。

岳父說：「以前是我老糊塗，對不起你們。」

女婿說：「快別這麼說，我們是晚輩，孝敬您是應該的。」

就這樣，一家人大團圓，而且贏得了眾人的好評，都誇獎這個年輕人做得對。

事實證明，如何處理前嫌、面對恩怨是對一個人的人格品性考驗，在高尚的人格目標的激勵下，人們的言行往往也會高尚起來。

其實，人們是否對往事耿耿於懷，還是與看問題的角度有關的。有些人遇事時頭腦發燙，主觀偏激，出言不遜，把矛頭指向對方，事過之後依然怨憤難平，總感到對方對不起自己，心理不平衡，自然難以想法一致。如果這些人頭腦冷靜一些，轉變一下看問題的角度，多從當時發生問題的客觀條件、對方的處境去考慮，就會變得客觀一些，會得出不同的看法和結論，進而原諒對方的過失，產生和解的願望。

「是非恩怨莫放心頭」並不是軟弱，一個懂得「原諒」二字的人，原諒會成為他的無形武器，它既可以避免因仇恨捲入復仇無益的漩渦，也可以克服對他所有不利的敵人，而且可以更進一步化敵為友。

世事難料，人生似一縷蹉跎歲月風，心如雲煙盡散淡。大家都應該活得輕輕鬆鬆，千萬別為過去無法迴避，如今又要面對的那些是非恩怨所累。

現在看來，魯迅先生那句「歷盡劫波兄弟在，相逢一笑泯恩仇」的名言已經超脫了世俗，昇華成了禪語佛唱。當「冤冤相報何時了」能夠成為「相逢一笑泯恩仇」的時候，才是人生最大的成功。

17 退一步海闊天空

婆媳之間無論發生了什麼，都沒有對錯，也無須追究對與錯，一切不和諧的因素都是人的心理起的作用，都可以靠智慧來化解。

家庭生活好比一把優雅的小提琴，夫妻關係是這把小提琴上最動人的一根弦，而婆媳關係便是這把琴上僅次於夫妻關係但又直接影響夫妻關係的另一根弦。婆媳關係能不能處理好，是家庭樂曲能否和諧的重要因素。

從前，有一個婆羅門，他的妻子年輕美貌，但是生活十分放蕩。她總是嫌婆婆礙事，不能隨意胡作非為，便想出一條毒計，要把婆婆害死。

一日，她對丈夫說：「我能用世上所有的東西供養母親，但對她老人家益處不大。如能得到天上的東西供養母親，那就好了。你有什麼好辦法能使人升天呢？」

丈夫說：「按照婆羅門的方法，投入深淵、跳進大火，讓五熱燒身，就可升天。」

妻子說：「如果有這樣的妙法，為什麼不讓婆婆升天，接受天神的供品，何必讓世人供養呢？」

丈夫相信了妻子的話，便在田野中挖了一個大坑，堆上許多乾柴點起來。等火燒旺了，夫婦二人把老母親帶到火坑邊推下去，然後頭也不回地走了。火坑中有一個突出來的土坎。老婆婆正好落在土坎上，所以沒有掉到火坑底下。

她費力爬上坑來時，天已經黑了，在回家的路上，經過一片陰森森的樹林。老婆婆害怕虎狼和羅剎鬼，就爬上一棵樹，躲在上面過夜。這時，正好有一夥盜賊偷了許多財寶，來到樹下歇息。老婆婆嚇得不敢動彈，後來忍不住咳嗽了一聲。那夥盜賊以為是惡鬼的聲音，慌忙丟下財物，各自逃走。

等到天亮，老婆婆從樹上下來，在盜賊丟棄的財物裡選取了珍珠、耳環等寶物，滿載而歸。兒子和媳婦看見老母親回來，又驚又怕。

老婆婆為了懲罰這不孝的兒媳，說：「我死後升入天堂，得到許多財寶。這珍珠、耳環，是你父母和阿姨叫我拿給妳的。因為我年老體弱，帶不了許多，他們叫妳自己去拿。妳要什麼他們就給妳什麼。」

媳婦聽了婆婆的話，非常高興，希望自己也能跟婆婆一樣投身火坑。她對丈夫說：「老母親因為投了火坑才得到這麼多珍貴財寶。但是，她力氣太小，不能多帶些來。如果讓我去，一定可以帶更多的財寶回來。」

丈夫便遵照妻子的要求，又挖了一個火坑，在裡面點起熊熊大火。妻子立即縱身跳進去，結果永遠消失了。

故事雖然有些誇張，但是卻告訴我們了一個問題：婆媳關係問題。誠然，結婚後如何正確處理婆媳間的關係，往往是令人頭痛的一件事情。俗話說：「婆媳不和十有八九。」讓我們來看現實生活中的一個故事。

小惠與丈夫小楊談戀愛時卿卿我我，無話不說，兩人順理成章地走入了婚姻殿堂。可是，在戀愛和婚姻中間卻有著一道籬笆，隔開兩個不同的世界。戀愛期間，他們不過是兩個人的交往，而且是各自為政，有自己的社交範圍，有自己的父母親友。小惠雖然對小楊的母親有所耳聞卻少有接觸，頂多是偶爾串串門子，猶如客來客往，客客氣氣。但是結婚以後，他們成了一家人，婆婆成了小惠名副其實的長輩，接觸多了，交往多了，問題的產生也就不可避免了。

有一次小惠在巷口裡偶然聽到婆婆跟人埋怨說，媳婦氣量狹窄，對老人不尊重。小惠聽後十分氣憤，回到屋裡一聲不吭，丈夫和她說話她也不理。她心想：怪不得新婚那天的宴席上，自己高高興興地去向公婆敬酒，婆婆卻老拉著臉與別人說話，沒有看自己；怪不得聽人說這個老太太不好惹；今天吃晚飯時也是如此，自己多夾了幾口菜，婆婆就假惺惺地對坐在旁邊的外孫女說：「不要吃得太多了，當心吃壞肚子……」

小惠越想越氣，本來他們打算這次住在婆家，可是現在她卻堅持要走，任憑丈夫怎麼勸都無濟於事。無奈之下，丈夫與她一起回到了自己家裡。自此以後，小惠再不踏進婆家門，也不許婆婆踏進自己的家門。

妻子與母親的不和，使小楊成了一個真真正正的「夾心人」。但是，為了家庭的和睦，他一再開導妻子。小惠在丈夫的再追問之下，終於把問題明明白白地攤了出來，並且還理由十足：「人家對我好，我可以對他更好；人家對我壞，我會對人家更壞。這就是我的做人準則。」妻子的頑固並沒有使丈夫灰心，他努力想改變妻子的觀念。他根據小惠的想法，與母親進行了一次開誠佈公的溝通，母親也一一做了解釋，說根本不是這回事。但小惠卻說婆婆在狡辯，在抵賴。她回了丈夫一句「公說公有理，婆說婆有理」，然後就掉頭走了。本來親密無間的夫妻關係就此蒙上了一層陰影，夫妻之間再也不像先前那樣無話不說了。

可見，婆媳關係的確是家庭生活中很難處理的一個環節，它不如夫妻關係那樣親密，也不如母子關係那樣穩定，僅僅是因為兒子的妻子與丈夫的母親，而走在了一起，成為了一家人。這種關係，有時如同一副夾板，使兒子兼丈夫處於一種「夾心」狀態。那麼，到底該如何改善媳婦與婆婆的關係呢？

一、認知的改變

良好的「婆媳關係」關係到三個人，即婆婆、媳婦和兒子，因此，經營和睦的家庭關係就需要三方的努力。

以「岳母關係」為參照，「岳母關係」的品質普遍好於「婆媳關係」的關鍵在於：岳母把女婿當自己的兒子看，俗話說「一個姑爺半個兒」，至少也是半個兒子，女兒嫁出去很少有失去女兒的失落感，反而會覺得又多個兒子的親密感和幸福感。這點是和婆婆的心態大不相同的。妻子對丈夫愛的愈深就愈能接受婆婆，如果還未能接受婆婆，至少表明妻子對丈夫的愛還不夠成熟、深刻。

二、婆婆的心態

婆婆應該把媳婦當自己的女兒來看待，不要有「人家的女兒」的差別心態，以對待自己兒女的心態和她相處，一切問題就能迎刃而解。

三、妻子的心態

妻子應該把婆婆視作自己的母親那樣照顧，盡可能的去體諒老人的性格或其他不足。同時，當和婆婆有摩擦時，千萬別犯和婆婆「爭丈夫」的低級錯誤。無論丈夫多麼愛你，妻子也無法替代母親的地位。而且，身為妻子，只可以成為丈夫的太太，不可能成為他的母親，如果那樣，你們的婚姻將很危險。

四、兒子的心態

兒子是斡旋「婆媳關係」的「外交官」。有許多「婆媳關係」是由「笨兒子」造成的。如果說，「婆媳關係」有著天然的敏感因素，那麼兒子在關係中扮演的角色及發揮協調、諮詢的功能就愈發顯得珍貴。

五、不記隔夜仇

一旦有了「婆媳」的摩擦，要立即處理，直接溝通，以真實的感受為出發點，建立有效的衝突處理機制是關鍵。有些「婆媳關係」開始尚好，後來產生心結，形成婆媳之間的「冷戰」，對家庭關係的傷害是很大的。

古往今來，婆媳關係從來就是讓人頭疼的問題，處理好了會讓你的婚姻生活更加美滿穩定；處理不好，相當於給婚姻埋下了不定時炸彈。不過，婆媳關係也並非「洪水猛獸」，只是一種兩代人的親情關係，完全可以憑藉人為的努力改善。

無論發生了什麼，都沒有對錯，也無須追究對與錯，一切不和諧的因素都是人的心理起的作用，這都可以靠智慧來化解。搞好婆媳關係是雙贏的結果，每天用點心來思考一下怎樣搞好婆媳關係是非常值得的。

18

見利不爭，見害不避

兄弟姐妹之間應該見利不爭，見害不避。一個人要能和別人互助合作，就要從兄弟姐妹之間的友愛做起。

古人將兄弟姐妹比喻為「手足」，具有血緣之親。一方面，兄弟姐妹是骨肉至親，到危急時自會同心協力；另一方面，兄弟姐妹之間相知最深，相愛最切，容易彼此協調合作。兄弟姐妹和睦相處，相親相愛，一是孝順父母的表現，二是家庭生活快樂的源泉。在《阿那律》上有這樣一個故事。

阿那律、跋提、舍多三人是堂兄弟，感情很好。出家後，大家在一起修道。三人相約，共同依照佛陀的方法去做。出外受食，最後端身靜坐，念佛、念法、念僧。以後回來的人照著做，沉默地工作，不騷擾人家。他們五天開一次會議，報告每個人修行的心得，討論問題，解決困難。大家利益均等，分工合作，過著寧靜、合群、純潔的生活。

佛陀來看他們，讚美說：「你們和平相處，一心一德，真是好極了。」以後，佛陀就教那些喜歡爭執的人，學習阿那律三兄弟無爭的生活。

可見，兄弟姐妹之間的關係不僅是可貴的，而且對於個人的成長也是極其重要的。兄弟姐妹關係是人際關係在家庭中的投影，一個孩子可以透過與兄弟姐妹相處而學會人際交往和處世方法，它是親子關係所無法代替的。哥哥姐姐對弟弟妹妹來說，可能成為學習的目標和仿效的對象。哥哥姐姐也指導、教育弟弟妹妹。從這個角度來看，兄弟關係也包含著縱向人際關係的因素。

讓我們再來看一個故事，這個故事記錄在《阿育王經・昆多輸柯七耀經》上。

帝須（又名昆多輸柯）常年修行，終於得了羅漢道。這時，他回想起昔日出家時與哥哥阿育王的約定，當時阿育王說：「你出家之後一定要來看我。」帝須想：「現在我已經修成羅漢，應該實現這個約定了。」

於是，帝須就整裝啟程，來到相鄰的波吒利弗多國。早上起來，他穿好衣服，拿著乞討用的瓦缽，進入阿育王國內。

他慢慢地走到王宮門口，對守門侍衛說：「你去報告國王，一個叫昆多輸柯的比丘在大門外，想見國王。」

守門侍衛立刻進去稟告，國王一聽，說：「一個出家人求見，快請他進來。」

帝須見到阿育王后，馬上行禮致意，只見他行禮時就像一棵傾倒的大樹，待他直起身子，雙掌合十時，阿育王仔細地端詳著他。多年的分別使阿育王淚流滿面，哽咽著說：「天下所有的生靈，他們都為與家人的團聚而感到歡樂，你今天帶給我們的不僅是團聚，還有一顆祥和的心。現在我已經理解你的心意了，你是這樣的充滿智慧，令人俗念頓消。」

大臣們看到昆多輸柯，也感到他十分和善，打從心裡喜歡他。

昆多輸柯回到王宮後，依然穿著又髒又破的衣服，拿著乞討的瓦缽，挨家挨戶的乞食，不論食物的好壞他都坦然接受，內心從未有過厭惡與喜歡的感覺。

大臣們見昆多輸柯並沒有因為王宮奢華的生活而改變心意，就對阿育王說：「昆多輸柯少欲知足，清淨坦蕩。他的所做所為已經是最好的證明了，大王你可以親自去看一看。」

一天，阿育王擺下一桌飯食，請來昆多輸柯，讓他坐在上座。阿育王親手把各種食物遞給他吃，昆多輸柯毫不惶恐地吃喝。飯後，他把討飯瓦缽洗乾淨放到一旁，當著眾人的面為國王講解佛法。

他對阿育王說：「大王你衣食無愁，自在愜意，應該明白，這是你在前世行善積德的結果。但是，你不應該驕傲於過去的功德，放縱自己，而應該時時鞭修佛法，供奉三寶。記住，佛的教誨是世上最有價值的。」

說完，昆多輸柯的身體升到了半空之中，附近的人們都看到了這一景象。阿育王和眾人都合掌看著他漸漸遠去，目光久久捨不得移開。

從這個故事裡我們看到，兄弟關係又包含著像朋友一般的橫向人際關係的因素。在孩子眼裡，與父母相處和與兄弟姐妹相處不是一回事，如果一視同仁往往沒有什麼好處。

孩子們透過體驗兄弟關係，懂得了孩子與大人的不同，並且學會了孩子之間的處世方法。隨著年齡的增長，他們又會逐漸從兄弟關係中學會成人之間的處世方法。

當然，談及手足情，我們不得不縱覽一番古今歷史。蘇軾兄弟的手足之情，與他們的文學成就一樣，永遠是悠悠歷史中璀璨奪目的華章。

晚唐五代的詞一般都是描寫男女柔情，而對於兄弟親情卻很少涉及。蘇軾有一些關於兄弟親情的詞，比之當時籠罩文壇的豔科詞，無論在思想上還是藝術上，都給人以新鮮的感覺。蘇軾大力拓展詞境，描寫兄弟親情是這種革新嘗試的不可或缺的重要方面。《滿江紅懷子由作》便是這類詞中比較著名的一篇。

清潁東流，愁目斷、孤帆明滅。
宦游處、青山白浪，萬重千疊。
孤負當年林下意，對床夜雨聽蕭瑟。
恨此生、長向別離中，添華髮。
一尊酒，黃河側。
無限事，從頭說。
相看恍如昨，許多年月。

衣上舊痕餘苦淚，眉間喜氣添黃色。

便與君、池上覓殘春，花如雪。

這首詞是蘇軾在穎州任知府時寫的，詞的上篇即景生情，抒發了「恨此生、長向別離中」的深深感慨。下篇追憶從前與弟弟多次相會與離別，希望能有機會再見一面，詞的語言蒼勁渾厚，寄寓深遠，感情自然流露，讀來頗為動人。

蘇東坡中秋懷人之作，大多為子由而發，其中一首《水調歌頭明月幾時有》，更是成為千古絕唱。

丙辰中秋，歡飲達旦，大醉，作此篇，兼懷子由。

明月幾時有？把酒問青天。

不知天上宮闕，今夕是何年。

我欲乘風歸去，又恐瓊樓玉宇，高處不勝寒。

起舞弄清影，何似在人間？

轉朱閣，低綺戶，照無眠。
不應有恨，何事長向別時圓？
人有悲歡離合，月有陰晴圓缺，此事古難全。
但願人長久，千里共嬋娟。

蘇軾兄弟情意甚篤，寫作此詞時，他與蘇轍已有六年沒見面了。時至中秋，蘇軾望月思弟，生出無窮悲歡之感，故有此作。

可以說是「兄唱弟隨」，在蘇軾寫了《水調歌頭明月幾時有》的第二年，也就是神宗熙寧十年，蘇轍又寫了一首《水調歌頭徐州中秋》。當時蘇軾出任徐州知府，四月離家赴任。蘇轍與之同行，並在徐州停留百餘日。

臨別之際，適逢中秋佳節，他們一同泛舟賞月，蘇轍就寫了這首詞來告別其兄。蘇軾讀了也寫了一首同調和韻之作，序中云：「余去歲在東武作《水調歌頭》以寄子由，今年子由相從彭門百餘日，過中秋而去，作此曲以別……」一詞中抒寫二人久別重逢接著又將分別的依依難捨之情。全篇語調淒涼，籠罩著濃厚的「愁」與「憂」的氣氛，生動地表現出蘇軾兄弟親密無間的手足之情。

自從踏上官宦仕途之路，蘇軾兄弟二人的命運就緊密地聯繫在了一起。他們的政治見解相同，也都敢於直言進諫。他們因才略而被任用，也因才略而被貶謫。當兄長被一貶再貶時，弟弟也因為受牽連而日子很不好過，但做弟弟的從來未有過絲毫怨言。

在勘問「烏台詩案」的過程中，蘇轍願意用自己的官爵為長兄蘇軾贖罪，結果被貶為筠州監酒。後來蘇軾第三次被貶，居於儋州，位於海南，而蘇轍也因為哥哥而受牽連被貶雷州。東坡居海南，子由居雷州，正是一南一北隔海相望。蘇軾的另一名篇《西江月》也正是在這個時候寫的。

世事一場大夢，人生幾度新涼？
夜來風夜已鳴廊，看取眉頭鬢上。
酒賤常愁客少，月明多被雲妨。
中秋誰與共孤光？把盞淒然北望。

兄弟二人同時遭貶，患難與共，倍覺情篤。由此看出，在中國古代作家中，蘇軾兄弟不愧為一對情深似海的模範兄弟。他們將這種並肩攜手、患難與共的手足親情，用他們最擅長的詞的形式表現出來，便形成了那一首首發自肺腑、貫注著充沛真實情感關於兄弟親情的詞。正是由於蘇軾兄弟二人從深厚的兄弟情義中汲取了力量，才使他們從來沒有被艱難困苦所壓倒，而是滿懷豪情，面對人生。

因此，兄弟姐妹之間應該見利不爭，見害不避。一個人要能和別人互助合作，就要從兄弟姐妹之間的友愛做起。假如兄弟姐妹不互相友愛，弟妹對兄姐不和順，兄姐對弟妹不友愛，輕則形同陌路，重則兄弟鬩牆，同室操戈。如果不能兄友弟恭，哪能長幼有序，與人為善呢？

19 將心比心，將心換心

你尊重別人，別人才會尊重你，你待人以愛，別人才會待你以愛。反之，你仇恨別人，別人也會仇恨你，你待人以惡，別人也會以惡來待你。

在《六度集經》卷一的《長壽王本生》中有這樣一個故事：

長壽王以慈悲為懷，仁民愛物，國內風調雨順、民富財豐，但是卻也因此引來了鄰國貪王的覬覦和出兵掠奪。

得知敵兵壓境的長壽王，不願為了保衛一己的王權而殃及全國的無辜百姓，於是決定放棄王位，與兒子長生一起遁隱山林。貪王不費吹灰之力便坐擁了長壽王的國土，並且重金懸賞捉拿長壽王父子。

隱居山林的長壽王為了幫助遠道而來投奔自己的梵志，讓梵志得到賞金，自願捨身，被貪王捉住。殘暴的貪王公然火燒長壽王，以逞己能、以警大眾。

臨死前，長壽王看見喬裝成樵夫的兒子混雜在人群裡，他雙眼冒著怒火、滿懷仇恨。於是，長壽王向天宣示他「以仁為誡」的遺訓，希望兒子能秉承「以德報怨」的家風。雖然親耳聆聽到了父王最後的教誨，但父親慘死、國土淪陷的深仇大恨令年輕的王子長生一心只想報復。

多才多藝的長生，利用在大臣家裡做僕役的機會，得到貪王的賞識，一躍成為貪王的貼身侍者。在一次陪伴貪王出獵的途中，長生故意讓貪王離開貼身隨從，迷失在山林裡。精疲力盡的貪王為了好好休息一下，將隨身的配劍卸下，交給長生保管。等到貪王熟睡的時候，長生把握這個千載難逢的機會，拔劍而出以償宿願。就在下手之前，長生忽然想起父王遺訓，父王臨終前的叮嚀猶在耳邊，感化了他以牙還牙的固執，他不由得將劍緩緩插了回去，理智驅使他按劍不動。

此時，貪王突然從噩夢中驚醒，不安地說道：「我夢見長壽王的兒子要殺我，怎麼辦？」

「大王不要驚慌！有賤民在此護衛您呢。」於是貪王聽信了他的話，又安然入睡。考慮再三，長生決心尊奉父親的仁誡，原諒貪王，主動向貪王表明了自己的真實身分，並請求貪王：「您快把我殺了吧，以免我報仇的惡念又死灰復燃！」震驚的貪王被長壽王父子的仁行深深感動，當下幡然悔悟，將國土歸還長生，兩國結為兄弟之邦。

長壽王父子二人的仁行不單單震撼了貪王，也震撼了我們每一個人。看完故事，我們不禁要感歎：真正的包容就是不把是非恩怨放在心頭，寬恕和原諒那些犯過錯的人。

武則天時期，有個名叫婁師德的丞相，他所表現出來的大度，真可謂「宰相肚裡能撐船」。史書上說他「寬厚清慎，犯而不較」，意思是說他處事謹慎，待人寬厚，對於曾經對不起自己或觸犯自己的人，從不給予打擊報復，而是用一顆寬容的心去包容。

婁師德的弟弟任代州刺史，上任前，弟弟為了讓他放心，便說：「請哥哥放心，以後我走在路上，如果行人朝我臉上吐唾沫，我擦乾就是了，絕對不與對方計較。」

但是，婁師德卻憂慮地說：「正因為你把別人吐在你臉上的唾沫擦掉，我才擔心啊！人們唾你臉，肯定是生你的氣，你把唾沫擦掉，這不等於是和他對抗嗎？這樣做只能讓別人對你更加惱火。」

弟弟看問道：「依哥哥的意思，我該怎麼辦呢？」

婁師德語重心長地說：「人家唾你，你要笑眯眯地接受。唾在臉上的唾沫，也不要動手擦掉，而是讓它自己乾。」

誠然，這種「唾面不拭」，不講是非原則、只知道一味退讓的做法，在當今人們的眼中，就是迂腐、無能的表現。可是，婁師德的「寬厚清慎，犯而不較」的精神，也並非毫無可取之處，最起碼表現了他寬厚待人的偉大人格和大度能容的雅量。

人世紛爭，難免恩怨，如何處理恩怨，是為人處世的重大課題。他人對自己有恩，我們必然會回報，而當與自己有恩怨的人犯了過錯時，不僅不加重其罪，反而為之說情，這就不是一般人所能做到的，明相楊士奇就有這種「以德報怨」的高尚風格。

楊士奇年輕時曾在湖廣各地做了多年私塾老師，建文初被薦入翰林，做了編纂官，專門負責修補《太祖實錄》，永樂初年成為右諭德。他忠於職守，做事謹慎，深得成祖的信任和器重。

有一次，成祖北巡，讓楊士奇留在宮中輔佐太子。當初，成祖起兵奪位的時候，漢王立下了赫赫戰功，成祖曾許諾將他立為太子，後來成祖寵愛年少的趙王，沒有兌現當初的承諾，所以漢王心存怨意。漢王想爭奪太子之位，便離間趙王與成祖的關係，於是成祖有了更換太子的想法。

成祖北巡歸來，召楊士奇問太子這些天的情況，楊士奇說：「殿下天資很高，有過必知，知必改，存心愛人，沒有辜負陛下的囑託。」成祖聽了很高興，打消了更換太子的想法。

後來，成祖病逝，太子繼位，史稱仁宗，由於楊士奇保護有功，所以又得到仁宗的寵信。仁宗對御史舒仲成不滿，想找個理由治罪他，楊士奇知道後，為舒仲成解脫說：「陛下即位，詔向忤旨者皆得宥。若治仲成，則詔書不信，懼者眾矣。如漢景帝之待衛綰，不亦可乎？」仁宗覺得有道理，就不打算懲治舒仲成了。

有人上奏說大理卿虞謙言事不密，仁宗一聽大怒，準備降其職，士奇為之申理說：「若加之罪，則群臣自此結舌矣。」仁宗聽了，不僅不加罪，反而任虞謙為副都御史，並引過自責。到宣宗即位，內閣大臣七人，有的被調外任，有的因病辭職，只有楊士奇、楊榮、楊溥三人留下任職。楊榮為人果毅，敢言敢為，他多次跟從成祖北征，知邊將賢否，敵情順逆，並與邊將交往，時常收受一些物品和良馬，而且有時候在背後誹謗楊士奇。宣宗知道後就問楊士奇，楊士奇為之說情道：「楊榮曉通邊務，臣等不及，不應該以小過介意，願陛下以容臣者容之。」宣宗也就不追查此事了，楊榮知道楊士奇為自己說情後感到慚愧，從此與楊士奇相得甚歡。

楊士奇用自己的德行回報朝廷的信任，面對誹謗自己的人也能正道而行，故曆仕四朝，深得人心，促進了當時的政治穩定和經濟發展。

俗話說：將心比心，將心換心。你尊重別人，別人才會尊重你，你待人以愛，別人才會待你以愛。反之，你仇恨別人，別人也會仇恨你，你待人以惡，別人也會以惡來待你。因此，對於那些對不起自己的人，要用不計前嫌、熱情對待來取代斤斤計較、有仇必報，這樣不僅可以消除彼此間的隔閡，而且還是提高自己人氣的好方法，你包容了對方，對方出於感恩，有可能還你一個更大的人情。

20 捨怒之道，忍辱最強

凡是無理挑釁的人，一定有所依仗。如果在小事上不能忍耐他，那麼災禍就會立刻來了。

一個人如果沒有容忍的修養，他會使得自己和別人都處在一種不安的狀態之中，為什麼這麼說呢？我們知道，一個人如果缺乏容忍，他的嗔恨心就會很重。當他的嗔恨心起來的時候，就會坐立不安了，此時此刻說出來的話或做出來的事情，都會傷害到別人。

佛陀過去修菩薩行作忍辱仙人時，當時有個國王叫做歌利王，帶著妃子們去打獵。中午，他在帳篷裡休息，他的妃子們到山上去玩，看見一座小廟裡有個青年僧人在打坐，她們就上前向佛陀頂禮，並提出很多問題。佛陀就給她們講法，教化她們。

國王醒來後問妃子在哪裡，下人回答說：「妃子們正在和一個年輕和尚交談」。國王聽了，心想：這和尚肯定有壞心，便提起寶劍來到小廟，看到妃子們跪著把佛陀圍在中間，頓時火冒三丈，衝上去一刀把佛陀的右手砍掉了。當時佛陀的第一個念頭是：如果我成佛，首先度你。

佛陀這是何等的氣量，相比較而言，歌利王又是何等的不堪。所以，我們學佛的人，應當以佛陀為榜樣。當我們遇到別人給我們難堪、過不去的時候，應該想一想，佛被砍掉了肩膀，都要先度砍的人，我們僅僅被人給了點難堪又算得了什麼？這樣一想，心寬一下就擴大了，什麼事就都能包容下去了。

在古老的西藏，有一個叫愛巴的人，每次生氣和人發生爭執的時候，他就以很快的速度跑回家，繞著自己的房子和土地跑三圈，然後坐在田邊喘氣。愛巴工作非常勤勞努力，他的房子越來越大，土地也越來越廣。但是，不管房地有多廣大，只要與人爭論而生氣的時候，他就會繞著房子和土地跑三圈。

「愛巴為什麼每次生氣都繞著房子和土地跑三圈呢？」所有認識他的人，心裡都感到疑惑，但是不管怎麼問他，愛巴都不願意明說。

直到有一天，愛巴很老了，他的房地也已經太大了，他生了氣，拄著拐杖艱難地繞著土地和房子轉，等他好不容易走完三圈，太陽已經下山了，愛巴獨自坐在田邊喘氣。

他的孫子在身邊懇求他：「阿公！您已經這麼大年紀了，這附近地區也沒有其他人的土地比您的更廣大，您不能再像從前，一生氣就繞著土地跑了。還有，您可不可以告訴我們，您一生氣就要繞著土地跑三圈的祕密呢？」

愛巴終於說出隱藏在心裡多年的祕密，他說：「年輕的時候，我一和人吵架、爭論、生氣，就繞著房地跑三圈，邊跑邊想自己的房子這麼小，土地這麼少，哪有時間去和人生氣呢？一想到這裡，氣就消了，把所有的時間都用來努力工作。」

孫子問道：「阿公！您年老了，又變成最富有的人了，為什麼還要繞著房子和土地跑呢？」

愛巴笑著說：「我現在還是會生氣，生氣時繞著房子和土地跑三圈，邊跑邊想自己的房子這麼大，土地這麼多，又何必和人計較呢？一想到這裡，氣就消了。」

只有忍者才能冷靜地面對現實，動輒發火的人才是逃避現實的懦夫。世上惟有莽撞使人失敗誤事，忍耐才是無法攻破的城堡。參禪的祕訣就是忍，忍不住也要忍，忍到極點，豁然貫通，明朗開悟。我們要像參禪一樣修煉自己，克制自己。忍得一時之氣，免得百日之憂。請看下面這個故事。

古代有一老翁，在城裡開了一家典當鋪。有一年年底，他忽然聽到門外有一片喧鬧聲，便到外面看看發生了什麼事。原來，門外有一位窮鄰居正在和自己的夥計拉拉扯扯，糾纏不清。

站櫃臺的夥計憤憤不平地對老翁說：「這個人將衣物押了錢，卻空手來取，我不給他，他就破口大罵。您說，有這樣不講理的人嗎？」門外那位窮鄰居仍然是氣勢洶洶，不僅不肯離開，反而坐在當鋪門口。

老翁見此情景，從容地對那個窮鄰居說：「我明白你的意圖，不過是為了度年關，這種小事，值得爭得這樣面紅耳赤嗎？」於是，他命令夥計找出那位鄰居的典當物，加起來共有衣服、蚊帳四、五件。

老翁指著棉襖說：「這件衣服禦寒不能少。」又指著外袍說：「這件給你拜年用。其他的東西不急用，還是先留在這裡，等你有錢再來取。」那位窮鄰居拿到兩件衣服，不好意思再鬧下去，只好離開了。

誰知，當天夜裡，這個窮漢竟然死在別人的家裡。原來，窮漢和別人打了一年多的官司，負債過多，不想活了。想到死後妻兒將無依無靠，於是就先服了毒藥故意尋釁鬧事。他知道老翁家富有，想敲詐一筆安家費，結果老翁以圓融的手法化解了。於是他就轉移到了另外一戶人家。最後，這戶人家只有自認倒楣，出面為他發落喪葬事宜，並賠了一筆錢。

事後有人問老翁，難道是事先知情才這麼容忍他。老翁回答說：「凡是無理挑釁的人，一定有所依仗。如果在小事上不能忍耐他，那麼災禍就會立刻來了。」

佛教人容忍，壞的要容忍，不起嗔恨；好的也要容忍，莫生貪著。故事中的老翁並不是先知，而是他懂得容忍，知道為自己和他人留後路，所以得到了好的回報，得以保全自己。

人處在家庭和社會中，有時候需要容忍。但是，僅有把痛苦的感覺和某種情緒抑制住，不使其表現出來的忍耐是不夠的，還須佐以不計較和不追究的寬容。忍耐往往意味著隨時化解委屈和不愉快，不讓鬱悶存在心中。這樣，才真正表現出容忍作用的重要來。

對長輩容忍則孝。父母、長輩出現過失，必須容忍，婉言規勸而始終充滿誠意。因此，容忍而悅，乃侍奉父母、尊敬長輩的一個傳心口訣，是為孝。

夫妻間容忍則和。人的一生，漫漫幾十年，能攜手共同走完人生旅程的只能是夫妻。為此，夫妻間的緣分應特別珍惜。夫妻整日相處，不可能沒有矛盾，自己多容忍一點，何必要爭個高低貴賤呢？不爭便沒有吵，不吵便是和，家和萬事興。對朋友容忍則善。和朋友、同事、主管相交，容忍就是只取他的長處，不計較他的短處。如果遇上剛強、耿直的人，需要原諒他的粗暴；遇到才智超群的人，需要寬容他的狂妄；遇到忠厚老實的人，需要體諒他的呆板。凡事多容忍，善莫大焉。能容忍別人，別人自然會容忍你。

有一首詩曰：「心火頭上一把刀，用心吞氣橫掃劫。刀鋒缺口平息禍，海闊天空理不斜。」大體意思是，如果心火旺盛，頭上就會隱懸一把刀；若能用心慎思，在鋒芒面前忍氣吞聲，就能免除劫難。刀鋒到時猶如缺口般不能傷人，自然就會平息諸般禍端；退一步海闊天空，真理於心，也就不會覺得有所失落了。

21 以君子之心度小人之腹

我們不得不承認，被人誤解的確是令人痛苦的事。如果當真是「君子坦蕩蕩」的話，又何必在乎別人怎麼說呢？

在《雜譬喻經》中有這樣一個故事：

一位年輕的師父下山去辦事，路過山下的小河邊，看見河邊大樹下的草叢裡，有一把倒放的紅雨傘，傘裡有一包裹正動著。師父一看，原來是一個出生不久的嬰兒。

出於惻隱惜弱之心，他走過去拿開壓在孩子包被上的小礫石，下面一張紙條寫著小孩的生辰八字，師父看了紙條，知道這可憐的孩子出生才十個月，卻不知為什麼被父母遺棄。

師父慈悲憐憫之心使他顧不得多想，他小心翼翼地抱起嬰兒，也不下山去辦事了，直回到寺院才向老住持報告了這件事。老住持招大眾商量，在沒有辦法的情況下，同意把孩子暫時寄養在寺院，就這樣用米湯與奶粉餵養了嬰兒三天。

這天，從山下上來三個女施主，一位是因女兒出走一年多一直沒有消息的母親，為女兒的突然回來祈福，求佛幫她女兒消災免難的。第二位是代她白髮老母為弟弟在外做生意發了財來謝菩薩的。只有第三位是虔心來拜佛的。這三個人進了寺院，先去燒香，上供品，而後坐定休息，以消除剛才上山時的疲勞。剛一坐下，突然聽到一陣嬰兒哭聲，三個人便悄悄議論起來。

在寺院從未聽到過嬰兒聲，第一個施主便說：「大概是哪個小和尚的私生子吧？」

另一個說：「要麼是老和尚為了延年益壽請來的奶媽住在這裡供奶，把孩子也帶來了。」

只有第三個施主說：「罪過！罪過！千萬不能亂講師父的壞話。阿彌陀佛！你們是要遭報應的，這肯定是師父們為救苦救難從哪兒搭救出的嬰兒吧。」

正在輕輕議論間，山門外大道上又進來一男一女兩個年輕人，他們一到大殿，倒頭就拜，先拜佛，然後轉身上前給師父們磕頭頂禮，硬要塞一個紅包，師父們不要，他們說全靠師父們照顧了他們放在河邊的孩子。

這時，那三位女施主起身抬起頭，她們的視線與這對男女的視線碰在了一起，頓時，大家都呆住了，站在那裡半天說不出話來。原來，剛進來的女子就是第一位女施主的女兒，因母親不同意她的婚事，一氣之下，與在外做生意的男朋友私奔，離家出走，三天前才回來。而那男青年則是第二位女施主的弟弟，在外做生意幾年，發了財後與女子結了婚，生了孩子，怕雙方父母不同意，就把孩子暫放在河邊，看著師父抱走才離開。

前兩位施主這時恨不得找個地洞鑽下去，真是又悔又恨又高興。高興的是家裡添丁加人，悔恨的是自己以小人之心度君子之腹，為自己剛才誹謗寺院的師父而羞愧，在佛前不停地懺悔著。只有第三位施主仍在心中平靜地念佛。

「以小人之心度君子之腹」，我們常常聽到別人這樣憤憤地嚷嚷，為自己辯解，以證明自己是如何的大度和無辜。殊不知，說此話者在說這話的同時又犯下了同樣的錯誤。如果當真是「君子坦蕩蕩」的話，又何必在乎別人怎麼說呢？

不過，我們不得不承認，被人誤解的確是令人痛苦的事。要將這種痛苦最大限度地減輕，或者乾脆沒有感覺，就必須提倡「以君子之心度小人之腹」不可。如果是第三者轉告你的，你不妨當作是他聽錯了意思，別人根本就不可能這麼講。如果是你當面聽到的，你大可當他是表達錯了意思，或者是一時失去理性看不清事實。這樣做至少有兩個好處：一是可以免去自己的痛苦，集中精力做該做的事；二是可以減輕他人的不安，有利於消除誤會。

「以君子之心度小人之腹」與「以小人之心度君子之腹」相比，文字上並無多大差別，但卻是完全不同的兩個境界。君子「坦蕩蕩」，胸襟寬廣，在待人接物上表現出寬容、博愛；而小人則熱衷於「常戚戚」，處處表現出狹隘、計較。君子和小人因為各自不同的胸懷，在言行舉止上也是迥然不同的。

晉代有一個叫謝萬的人，有一次，他去朋友家吃飯，與一個叫蔡系的人爭搶同一個座位，蔡系不小心把謝萬從椅子上推了下來，把帽子和頭巾都弄掉了。

在場的人都以為謝萬要發火了，甚至要動拳頭，可誰也沒想到，謝萬慢慢站起來，拍拍衣服，邊坐座位上，邊說：「你差點兒弄傷我的臉。」

蔡系說：「本來就沒有考慮到你的臉。」後來兩個人都沒有把這件事掛在心上，此事甚是為人稱道。

謝萬的行為的確是值得人們欽佩的，如果換了別人，那結果可能就是另外一個樣子了。因此，不管遇到什麼樣的誤會，都要保持君子之心。君子之心的最高境界，可以概括為三句話：一是遇到好事不失態，做到得意淡然；二是遇到挫折不沮喪，做到失意泰然；三是遇到委屈不動怒，做到以德報怨。郭進就是在這方面做得比較好的。

郭進任山西巡守時，有個軍校到朝廷控告他，宋太祖審訊後發現是誣告，就派人將他押送回山西，交給郭進，讓郭進親自處置他。

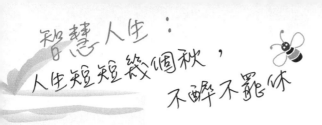

當時正趕上北漢國入侵，郭進就對那人說：「你竟敢誣告我，說明你確實還有點膽量。現在我赦免你的罪，如果你能殺敵立功，我將向朝廷推薦你。如果你被打敗了，就自行了斷，不要回來弄髒了我的劍。」

那個軍校聽完以後，轉身走出了大帳。後來果然在戰鬥中奮不顧身，英勇殺敵，立下大功。於是，郭進就向朝廷推薦了他，使他得到提升。

一個人如果能放眼於天地之間，那麼就很容易對現實中的是非有比較深刻的瞭解；如果能從自己胸懷大志，任重而道遠的高遠目標來思考問題，那麼對平時遇到的恩恩怨怨就容易理解，可以做到忽略不計了。

孟嘗君被放逐後沒多久又恢復相位，重回齊國。譚拾子到邊境去迎接，對孟嘗君說：「您會不會埋怨齊國的士大夫放逐您？」

孟嘗君說：「會。」

譚拾子說：「有件事是一定會發生的，有個道理是必然的，您知道嗎？」

孟嘗君說：「不知道。」

譚拾子說：「死，是一定會發生的事；而追求富貴，摒棄貧賤則是必然的道理。就比如市場，早上的時候，市場人潮洶湧，到了晚上，市場就空蕩了；這並不是市場喜歡早上而憎恨晚上。人們為了生存所以就爭著去，為了避險所以就逃離，這是同樣的道理。希望您不要心懷怨恨。」

孟嘗君聽了，就銷毀了那份記有五百個他所怨恨對象的名單，表示不再報復了。

一個人心地仁慈博愛，胸懷廣闊，所以能享受豐厚的福祿而且長久；反之，心胸狹窄的人，由於眼光短淺思維狹隘，所得到的利祿就是短暫的，落得凡事只顧到眼前而臨事緊迫的局面。

人生就那麼短短幾十年，該做且值得做的事有好多好多，我們不可能不食人間煙火、遠離「煩」塵，但當我們面對俗事的時候大可以灑脫一些，飄逸一些，輕描淡寫一些。

古語云：「待人而留有餘，不盡之恩禮，則可以維繫無厭之人心；御事而留有餘，不盡之才智，則可以提防不測之事變。」也就是說，在日常交往中，若是對方沒有滿足自己的要求，出現了什麼過錯，我們都不應該懷恨在心，因為怨恨只會加深彼此的誤會，而且還會擾亂我們的正常思維，引起急躁、偏激的情緒。因此，不管是待人還是接物，都應該把心放敞亮一些，保存彼此原本的關係，不會因為別人的過失和自己的無端猜測而影響到彼此的和諧、融洽。

22

小善莫疏忽，小惡要戒除

「小善」、「大善」本質都是善，「小惡」、「大惡」本質都是惡，絕不能因為「小」就忽視了它的實質。

《佛五百弟子自說本起經》中有一個故事：

有一位迦葉尊者，他是佛陀的堂弟。那天，他在蓮花座上述說他在多生前所受苦報的事實給大家聽：

「我在多生以前是一個賣香的商人小販。因為我住的地方靠近道場聖地，因此就以賣香為業，販賣各種名香。那個時候，因為常常親近大德，所以懂得一些佛理，知道禮敬三寶，知道勤修一切功德，當然也瞭解善惡的果報。後來我賣的香很出名，無論多遠的人，也要跑來買我的香，所以我的生意特別好。雖然生活過得很安穩，但是我身上那種世俗的氣質，還不能完全斷除，紅塵的慾望還在心中翻騰。我經不起外界的誘惑，因此犯了罪。」

「有一天，一位漂亮的少女來我的店裡選購名香。這女子天生麗質，而且又穿著華麗美豔的衣服，更使得她活潑可愛。她是無心地和我交談，而我則在淫念的作祟之下，伸出那失禮的手，去握住她那尊貴的手臂。當時，她看到我如此非禮，馬上正顏厲色地表示，我不可侵犯她。好在我有一念悔罪的心，趕緊把手縮回來，可是已經太遲了，就由於一時妄念的生起，罪業已經成立了，等到命終以後，即墜入燒手地獄裡受苦。」

「在燒手地獄裡受苦的時候，我知道了懺悔，我開始發願懺悔。這以後，火就熄滅了，地獄的苦報也盡了，從此就還生人間。雖然很慶幸地出生在人間，但右臂常常如同枯了的樹木一樣，血氣不能流通，每一動念，右臂就疼痛，做一切事情都感到痛苦不便。我也曾經請了很多名醫來診治，可是一點效果都沒有，實在是太痛苦了。」

「這種苦痛經過了許多生世，到後來遇到佛陀在世，才去佛前求醫，並出家做了沙門，正得了阿羅漢果，得到了清涼的滅度，得到了永恆的解脫。」

非禮少女的惡行使得尊者得到了應得的果報。做人也一樣，莫輕視小惡，以為自己不會受報應；莫輕視小善，從善念行善事才是人間正道。從事物的性質而言，「小善」、「大善」本質都是善，「小惡」、「大惡」本質都是惡，絕不能因為「小」就忽視了它的實質。正如古代一小吏「一日偷一錢」的故事所講的那樣。

宋朝崇陽縣令張乘崖親眼看到庫吏從倉庫裡走出來，順手把一枚銅幣裝進了衣袋裡。後來他細心觀察，發現這個庫吏竟然天天如此，於是便把庫吏抓了起來。庫吏不服，說：「一文錢何足掛齒？」

張乘崖氣憤地說：「錢雖少，天天貪就成了巨貪，年年貪就是罪大惡極。」

他在庫吏的供詞上揮筆寫道：「一日一錢，千日千錢；繩鋸木斷，水滴石穿；不殺貪吏，百姓難安。」最後，那個庫吏被判了死刑。

這個庫吏監守自盜的手段是十分狡猾的，不過，他再狡猾也無法逃避懲罰。最終判他有罪，不是因為他偷一錢被捉，而是因為「一日一錢，千日千錢；繩鋸木斷，水滴石穿」，是屢次犯罪的結果。現實生活中，我們應自覺做到擇善而從，拒絕「小惡」，肯做「小善」。

有一則故事，很教人受惠。

有一位年輕戰士在趕赴戰場的途中，救了一位想要跳河自盡的婦人，婦人被救上岸之後，不但沒有感謝青年，並且責怪青年害她生不如死。在青年一再詢問之下，婦人才傷心欲絕地道出自盡的原因。

原來她的丈夫遭人陷害鋃鐺入獄，家中留下年邁多病的高堂以及三個嗷嗷待哺的孩子需要侍奉撫養。奈何家徒四壁，貧無立錐，只好將僅有的衣物典當得來一塊銀元，以治療母親的陳年病疾。哪知「屋漏偏逢連夜雨」，奸詐的商人卻用假的銀元欺騙她。在生路斷絕之下，她只好一死以求了斷。

青年聽了之後，側隱之心油然升起，對婦人說：「您的遭遇太值得同情了，我這裡有一塊銀元，請您拿回去安頓家人，為了免得再危害他人，請您把假的銀元給我吧！」青年拿了假銀元，不經意地隨手往身上口袋裡一放，就出征去了。

在一次激烈的戰鬥中，一顆子彈朝青年的胸膛射來，正巧打在放著假銀元的部位，假銀元凹陷了下去，救了青年一命，青年拍手讚歎說：「太值得了！這一塊銀元真是千金難換啊！」

青年人由於一念之善，以一塊銀元救了婦人一家，也為自己換來了後半生的人生。善惡皆有報。莫輕視小惡，以為自己不會受報應。

莫輕視小善，小水滴不斷地落下，最後能灌滿整個瓶子。集小惡則成大惡，集小善則為大善。聰明的人逐漸積集小善，而使整個人生充滿福德。由此看來，「勿以善小而不為，勿以惡小而為之」這句話在今天仍具有重要的意義。

23 你不必與他計較

憤怒始於愚蠢，終於懊悔。因為狂怒會使謬誤鑄成大錯，會使真理變成粗魯。

一般人遇到對方權勢大，財富大，氣力大，在無可奈何的情形之下會採取容忍的策略。不過，細細想來，這算不上真正的忍耐。

真正的「忍耐」是別人什麼都不及你，你有足夠的力量對付他，這時候就算他欺負了你，對不起你，但你卻能容忍他，認為他的本性和自己一樣，只是一時糊塗，或只是在惡劣的環境中受到薰染罷了，你不必與他計較，能在這樣的情況及心境之下的容忍那才是真正的忍耐。在《經律異相》卷四十七中有一個《水牛王忍獼猴辱》的故事，可以很好地說明這一點。

很久以前，有一片廣闊無垠的曠野，這裡浮雲流水，嫩草鮮花。一頭水牛王每天帶著眾多的牛子牛孫，饑食嫩草，渴飲清泉，悠然度日，甚是安樂。

每一天，水牛王都昂首闊步地走在牛群最前面，雄壯魁偉，雖性情溫和卻不失威風凜凜的王者風度。但是，偏偏有一隻獼猴，見水牛王活得如此自在，心中嫉妒萬分，於是便抓起泥土砂石，劈頭朝水牛群亂丟了起來。水牛王走在隊伍最前面，挨了幾下。不過牠身受侮辱，卻不惱恨，只是抬頭憐憫地看了那猴子一眼，歎了口氣，搖搖頭走開了。

後面的牛見水牛王如此做法，也都效仿，並不與這猴子計較，都只甩甩尾巴繼續跟隨水牛王前進。

這猴子見狀，以為水牛們不敢惹牠，更加氣焰囂張，牠遠遠看見一隻貪玩的小牛落在隊伍後面，正急急追來，便又抓了砂石，尾隨上去，一邊罵，一邊丟過去。小牛被打得心頭火起，正要轉身去教訓這隻潑猴，忽然看見前面水牛王轉過身來，正盯著自己。那目光就好像是無聲的命令，小牛跺跺腳，壓下心頭怒火，轉身跑回牛群。

牛群又往前走，迎面有一株大樹，極其茂盛，有一個樹神住在裡面，親眼目睹了剛才發生的事情。他見牛群走過來，就忍不住問水牛王：「為什麼剛才那猴兒那樣無禮，你們都忍住不作聲，這豈不顯得太過懦弱了嗎？」

水牛王以偈答道：

彼輕辱毀我，又當加施人；

彼人當加報，爾乃得牲患。

說完，帶領眾水牛揚長而去。

樹神聽後，不由連連頷首，心生敬佩。

過了不久，有一群婆羅門從路上遠遠走來，恰巧又被猴子看見。獼猴本來心中忿未平，於是就故技重演，俯身抓了把砂石，待眾人走近時，一邊罵，一邊丟了過去。

眾人先是吃驚，不知為何挨打，等到看清楚竟是一隻頑猴撒潑，不由大怒，吆喝一聲，大家一擁而上，七手八腳地將這獼猴捉了起來。猴子心中害怕，於是忙不住聲地求饒。眾人正在火頭上，哪裡能饒得了牠，不由分說，將牠按在地上，一頓亂打，獼猴頓時一命嗚呼。

此時，樹神看在眼裡，心中更是由衷地佩服水牛王。

為人不可太狂妄，不能欺人太甚，狂妄的猴子最終自食惡果，原來水牛王憐憫的一眼是為此緣故。有時受欺者貌似軟弱，實際上是胸懷寬廣，不與計較，而狂妄之人總有被人回敬的一天。因此，面對別人的無事生非要做到真正的忍耐，發怒在大多情況下不但不能解決問題，反而會激化了衝突，闖下很多不近情理的滔天大禍。惱怒是片刻的瘋狂，你應該控制住自己的情感，否則情感就會控制你。

有一個人頭腦簡單、愛生氣發怒，有時候聽到別人家的狗叫都要跺腳跺上半天。他也知道自己脾氣不好，可是就是改不了，有人跟他說：「有錢能使鬼推磨，你幹嘛不用些錢去買智慧呢？城東安國寺有個聰明的一休和尚，你可以花錢從他那裡買些智慧啊。」

這人連夜跑去找一休師父說：「只要你能教我如何克制自己的怒氣，變得聰明，我就願意花錢買你的智慧。」

一休師父笑呵呵地回答：「很簡單啊，我教給你十個字，『小怒數到十，大怒數到千』，這樣子就可以了。」

這人沒想到這麼簡單：「這麼容易啊。多少錢一個字？」

「我的智慧很貴，每個字要十兩銀子！」一休回答。

這人很不情願地給了錢，之後狠狠地罵了一休師父一通，氣衝衝地趕回家裡。

回到家，他發現自己的老婆正跟另外一個人併頭睡在一起。

「好啊，這個賤人竟然趁我不在勾引野男人，還睡到我的家裡！」怒火中燒的他轉身拿起把菜刀，想衝進去砍了這對「姦夫淫婦」。

這時候他猛然想起一休師父教他的十個字，就強忍著怒火，開始在心裡數數。剛數到八的時候，那個「姦夫」突然醒了過來，看著此人拿把菜刀站在自己面前，嚇了一跳說：「兒啊，你拿著菜刀來這裡做什麼！」

原來，這人的母親看兒子遲遲不歸，特地過來陪媳婦聊天。兩人等得睏了，就睡在了一起。

這人嚇出了一身冷汗，心想：「幸虧有這些買來的智慧，不然就殺了我老娘了！」此時，這個人覺得花一百兩銀子買來這些智慧，簡直是撿了個天大的便宜。

憤怒始於愚蠢，終於懊悔。與人辯論時要心平氣和，因為狂怒會使謬誤鑄成大錯，會使真理變成粗魯。雖然滿腔怒火，卻能隨機應變，引而不發；雖然受人挑釁，卻能嚴於律己，寬以待人。人若能夠做到這樣，就是強者，就是精神世界的英雄。

蘇東坡被貶官到瓜州，時間久了，與金山寺的住持佛印禪師成為至交，兩人經常在一起參禪悟道。

蘇東坡本是聰慧之人，他感覺自己對「禪」已經領悟得差不多了，就提筆灑墨，寫了一首禪理詩，派人送到江對面的佛印禪師那裡印證。

那首詩是這麼寫的：「稽首天中天，毫光照大千。八風吹不動，端坐紫金蓮。」八風是指每個人生活上所遇到的「稱、譏、毀、譽、利、衰、苦、樂」等八種境界，因為它們能影響人的情緒，故形容為風。這首詩的大體意思是說：我蘇東坡已經參禪悟道，人間的毀譽榮辱早已不放在心上了。

佛印禪師看了之後皺了皺眉頭，覺得蘇東坡還沒有徹底領悟，有必要再對他進一步點化，就順手在詩後面批了兩個字返還給他。蘇東坡滿以為自己的這首詩會受到禪師的讚歎，一看氣了個半死，原來上面寫的評語竟然是「放屁」。蘇東坡氣憤得難以忍耐，連夜乘船過江去找佛印算帳。

「怎麼說我們也算是至交，就算我寫的詩不入你的法眼，你也不用這麼侮辱我啊！」蘇東坡氣憤地問道。

佛印禪師聽了不由得哈哈大笑，反問道：「好一個『八風吹不動』，怎麼這會兒就『一屁打過江』了呢？」

這時，蘇東坡方慚愧不已，連忙向佛印道歉，從此修心養性，虛心求道，留下了不少新穎、生動、形象、深刻的禪詩，並在世間廣為傳誦。

凡是愛發脾氣的人，無明之火很重，沒有涵養的功夫。怎樣才能消滅無明之火呢？就是要修忍，絕對不要發脾氣，這是最主要的關鍵，不發脾氣就有智慧。當你想發怒的時候要儘量克制自己，平靜處理問題，用冷靜把火澆滅。我們不能以憤怒對抗憤怒，即使受到公然侮辱，臉色變得蒼白，咬緊顫抖的嘴唇，也要盡力安詳回答。這是一種力量，自我控制的力量，既能戰勝自己，更能戰勝別人。

24 澆樹要澆根，帶人要帶心

人們內心充滿著各種雜念，也需要不停地修剪，根除雜念的最佳方法就是從心中排除惡念，在心中根植善念。

有一位信徒去拜訪雲峰禪師，在得到雲峰禪師的開示之後，便來到後花園散步，正好碰到園頭禪師在修剪花草，他就駐足觀看。只見園頭禪師不是把繁茂的枝葉剪去，就是把花草連根拔起，然後再移植到另一個盆中；他一會兒給枯枝澆水，一會兒又忙著鬆土施肥，十分辛苦。

信徒不解其意，走上前去問道：「園頭禪師！您為什麼將好的枝葉剪去，卻給枯枝敗葉澆水施肥呢？花草長的很好卻非要把它移入到另一個盆中，有這個必要嗎？」

園頭禪師回答道：「照顧花草，就如同育人。人需要怎樣教育、怎樣管理，花草就需要怎樣照顧、怎樣修剪。」

信徒聽後不以為然，他說：「花草樹木，怎麼能與人相比呢？」

園頭禪師一邊撫弄花草，一邊解釋說：「照顧花草需要注意以下幾點：第一，對於看似繁茂、卻生長雜亂的枝葉一定要去其枝蔓、摘其雜葉，免得浪費養分。就如同收斂他人的囂張氣焰，要去其惡習，納入正軌。

第二，將花連根拔起植入另一個盆中，目的是使植物離開貧瘠接觸沃土。就如同使人離開不良環境，到他鄉接觸良師益友。

第三，澆灌枯枝，是因為那些枯枝看似已死，卻蘊藏著無限生機。不要以為不良子弟不可救藥，其實人都有善良的一面，只要悉心教育，管理得法，一定能夠使其重生。

第四，鬆動泥土，是因為泥土中有種子等待發芽。就如同那些身處逆境而有志向上的人，為其提供一片土壤，就可能使其有機會茁壯成長！」

信徒聽後不禁為之嘆服，高興地說道：「園頭禪師！謝謝您的教誨，你讓我明白了許多道理！」

俗話說：「澆樹要澆根，帶人要帶心」。人們內心充滿著各種雜念，也需要不停地修剪，根除雜念的最佳方法就是從心中排除惡念，在心中根植善念。

同樣，管理員工也是如此，一個團體或公司彙集了來自四面八方的人，身為管理者，你想過沒有：這些性情各異的人為什麼會聚集在你的周圍，聽你指揮，為你效勞？你應該如何去管理，如何去指揮呢？讓我們來聽聽美的集團董事會主席何享健是怎麼說的。

記者：「『美的』現在已經成為中國知名度非常高的品牌了，你是如何帶領美的集團取得今天這樣的成就的呢？」

何享健回答說：「我們的工作動力有幾個方面。第一，這個企業創建幾十年以來我是一直努力做著的，很有感情。這個企業辦得越好我越高興，企業不斷發展壯大是我們的精神支柱。第二方面是我認為最重要的，那就是要為員工的發展創造更好的發展平臺，要確立具有很好的文化、技術、體制和清晰的方向，以及更高的目標，包括具有共同理想、共同目標的團隊，這是企業最大的價值。企業重要的不是今年銷售量增長多少、明年增長多少，那只是一時的，長遠的要靠員工，要靠大家。所以，我們就要用事業來成就人，沒有發展平臺，不為員工發展著想，那企業員工就無法施展自己的才華。現在我們的企業發展得很好，員工的工作熱情很高，生活水準也不斷提高，有能力買房買車了，這令我很高興。」

企業管理者能夠站在企業未來發展的高度，積極營造一個能「拴住人心」的員工發展平臺，這樣的企業才能在商海中縱橫馳騁，立於不敗。由此說來，管理者必須胸懷大度、包容待人，摸清下屬的內心願望和需求，並以為立足點，透過一定手段使他們的需要和願望得以滿足，以此激發他們的積極性，使其主動而自發地把自己的潛能發揮出來。

一、給員工安排理想的工作

員工大多都希望有一個安全、整潔和舒適的工作環境。但如果他們對工作不感興趣，那麼再舒適的工作環境也無濟於事。

當然，不同的工作對員工有不同的吸引力，同樣的東西對這個人來說是餡餅，對另一個人可能就是糟糠。因此，管理者應該把主要精力用在判斷人的能力大小和興趣方向上，認真負責地為員工選擇和安排工作，滿足他們的期望。

二、給員工公平的報酬

報酬是一項有效的刺激物，無論管理者多麼高明，都必須以物質為後盾，而穩定的工資收入，是員工工作動力的永久源泉。大多數員工都希望他們工作能得到公平的報償，即：同樣的工作獲得同樣的報酬。

員工不滿的是別人做同樣的工作，卻獲得更多的報酬。偏離按勞分配準則是令人惱火的。如果人們認為唯唯諾諾、玩弄手腕和攀附上司就可以加薪的話，他們就會產生這樣做的動機，在這樣的體系中，員工不會進取，企業難有活力。

三、給員工晉升的機會

多數員工都希望在工作中有晉升的機會，沒有前途的工作會使員工產生不滿情緒，最終可能導致辭職。如果企業不能為員工提供足夠的升遷機會，多半是因為企業整體或某些部門停滯不前的緣故。

四、認可和賞識下屬員工

人與人之間如果保持冷漠的態度，不僅自己活得很累，也會在無意中傷害別人，員工謀求公司的承認和同事的認可，希望自己出色的工作被企業

「大家庭」所接受。如果得不到這些，他們的士氣就會低落，工作效率就會降低。他們不僅需要自己歸屬於員工群體，而且還需要歸屬於公司整體，是公司整體的一部分。

所有的員工都希望得到公司的賞識，甚至需要與他們的上司一起研究工作，直接從上司那裡瞭解企業生產經營情況。這種做法有助於拉近管理員與員工之間的距離，使員工感到自己是公司的主人，而不是苦力。

25

放下不可一世的優越感

管理的根本是在「人」，只有把「人」管理好了，就能很好地利用「人」來做事。一個真正懂得管理的人，絕不會輕易去否定或忽略任何一個手下，因為任何一個人都有他們不可超越的價值和特質。

如果一個管理者總是把自己的優越感擺在屬下面前，那是一種無禮、無智，以勢壓人的愚蠢行為，而且最終只會遭到屬下的攻擊和唾棄。這樣的人真應該好好聆聽一下無德禪師的教誨。

有一位女孩，家境富裕，不論是財富、地位、和權力，還是美麗的外表，都沒有人能夠比得上她。但是她整天總是鬱鬱寡歡的樣子，連個可以談心的朋友都沒有。

由於優越感的驅使，人們都不喜歡跟這位女孩交往，因為她會在有意無意中傷害別人，久而久之連最親密的朋友都疏遠她了。

譬如，好友興沖沖地打電話來告訴她，用折價券到批發店買到許多便宜的保養品，她總是說：「噢！你還到這種地方買東西呀，我只在有品牌的專櫃買，那裡的價格也不是很貴呀。」這樣的話很容易讓人產生距離感和厭惡感。

於是，她就去請教無德禪師，如何才能使自己具有魅力，贏得別人的喜歡。無德禪師告訴她道：「如果你能隨時隨地和各種人合作，並具有和佛一樣的慈悲胸懷，講些禪話，聽些禪音，做些禪事，用些禪心，那你就一定會成為有魅力的人。」

這位女孩聽完後非常的開心，虔誠地問道：「那禪話怎麼講呢？」

無德禪師道：「禪話，就是說歡喜的話，說真實的話，說謙虛的話，說利人的話，而不是說處處顯示自己優越的話。」

女孩接著又問道：「那禪音又要怎麼聽呢？」

無德禪師答道：「禪音就是化一切音聲為微妙的音聲，把辱罵的音聲轉為慈悲的音聲，把譭謗的音聲轉為說明的音聲，把不屑的音聲轉為尊重的音聲，把嬌縱的音聲轉為體貼的音聲；同時哭聲、鬧聲、粗聲、醜聲，你都能不介意，那就是禪音了。」

女孩接著問道：「禪事怎麼做呢？」

無德禪師回答說：「禪事就是佈施的事，慈善的事，服務的事，佛法的事。」

女孩更進一步問道：「禪心是什麼呢？」

無德禪師道：「禪心就是妳我一如的心，聖凡一致的心，包容一切的心，普渡一切的心。說到底，就是要有一顆善良慈悲的心。」

女孩聽後，一改從前的驕氣，在人前不再誇耀自己的財富了，也不再自恃自我的美麗，沒有了以前那種不可一世的優越感了，對人總是謙恭有禮，對朋友尤能體恤關懷。漸漸的，大家都開始喜歡她了。

當一個人不再昭示自己的優越感的時候，認同感也就來了。

同樣，在企業中，似乎很多管理者都有一種莫名其妙、不知所以的優越感，他們看不起自己的同事，對手下挑三揀四，總是擺出一副對他人不屑一顧的樣子。其實，這種優越簡直有點淺薄，可笑。因為每個公司成員都是值得尊重的存在，都有他們有價值的地方，管理者這種莫名其妙的優越感只能彰顯出他們的幼稚與膚淺。

一個管理者能做到「放下架子、與民同樂」，那麼這就是一種最有效的激勵手段。管理者主動與下屬分享，下屬就會產生一種參與感，會認為自己是團體中的一員，油然而生一種自豪感和成就感。

在公司、組織與企業裡，管理者與下屬或職員或員工一起分享工作後的成果，分享工作中的權力，增加了他們對團隊的忠誠。

一位成功的企業家說：管理的根本是在「人」，只有把「人」管理好了，就能很好地利用「人」來做事，同時把自己的「人」培訓好也是一種很重要的管理藝術。

在具體的管理中，這位企業家很懂得如何讓自己的員工在一種精神作用下好好合作，開拓前所未有的領域，並得到滿意的成功，這是很關鍵的事情。他覺得當他的「人」身上能夠充分顯示出公司特色的時候，那麼公司就會如預期的達到目標，反之就成了犧牲品或「炮灰」。

他不斷地告訴自己的中階管理人員，要放下自己的優越感，離開辦公室到員工的中間去認識、瞭解每一位員工，傾聽他們的意見，調整部門的工作，使員工生活在一個輕鬆、透明的工作環境中，讓員工時刻都感覺到自己身處在一個團隊裡。

在管理人的過程中，這位企業家很講究管理的藝術，他很多次提醒這些下屬，和員工聊天一定要講究藝術。

比如，有一次他到一個小店裡去看，他向員工是這樣介紹自己的：「我來這裡打個招呼，相信你們在電視或者是報紙上見過我，今天讓你們看一看我的『廬山真面目』。」這句話把大家逗得哈哈笑，他和員工的氣氛一下子就緩和了很多。

可見，在企業中，管理者要想建立起良好的團隊精神和夥伴意識，最重要的就是管理者要懂得杜絕清高，放下架子，走到員工之中，一同分享成果、分享價值、義務和權利，不要等到事情成功後才讓下屬們一起分享成功的喜悅，而要在工作過程中與下屬們一起分享工作的艱辛，一起分享決策的權力。透過與下屬分享艱辛與成功，這使得下屬們體驗到一種與管理者和同事親密的夥伴關係，這會從內心激發一種工作激情。

一個真正懂得管理的人，絕不會輕易去否定或忽略任何一個手下，因為任何一個人都有他們不可超越的價值和特質，而擁有這種心理的人也一定是一個品德高尚的人。

26

尊重他人，不傷人自尊

我們自己待人的態度往往決定了別人對我們的態度，就像一個人站在鏡子前，你笑時，鏡子裡的人也笑；你皺眉，鏡子裡的人也會皺眉；你對著鏡子大喊大叫，鏡子裡的人也會對你大喊大叫。

在《雜譬喻經》中有一個名為《醜鱉與天鵝》的故事：

很久很久以前，有一個地方遇到了百年不來不曾見過的大旱災，地面乾得裂開了口，連湖水都蒸發得所剩無幾。在這個地方的湖中住著一隻鱉。湖水乾涸以後，牠找不到吃的東西，就想到別處去找個活命的地方。可是牠爬行的速度太慢了，怕自己爬沒多遠就會餓死了。

有一天，從遠處飛來一群天鵝，牠們圍繞著以前有水的地方飛來飛去，尋找原來棲息過的地方。鱉見了，歎了口氣說：「別找了，湖水都乾了。」

天鵝們非常失望，只好商量再飛到別的地方。鱉聽了天鵝們的談話，心想：天鵝飛得快，一定很快就能找到水，不如求牠們幫忙，把我也帶走。

於是，鱉就去求帶頭的天鵝。

天鵝答應帶鱉一起走，但怎麼帶呢？天鵝們想不出好辦法，只好輪流用嘴銜著鱉向遠處飛去。

一天，天鵝們銜著大鱉飛過一個城鎮，那裡的老百姓看到天上飛過一群潔白的天鵝，都仰頭觀看，讚歎道：「多麼漂亮的天鵝啊！今生能看到如此聖潔的動物，真是幸福！」

這個時候，有人發現了天鵝嘴裡銜著的大鱉，他們放聲大笑：「哈哈！這隻醜鱉怎麼會和天鵝在一起。原本在地上生長，現在也跑到天上去了。難道醜鱉想變成天鵝不成，真是自不量力啊！」

大鱉聽到人們誇獎天鵝而嘲笑自己，便忍不住了，不過牠沒有罵下面的人們，而是對著天鵝們破口大罵：「你們這群天鵝到底比我好看多少？不過是有兩隻翅膀可以在天上飛罷了！況且，毛那麼乾淨，多容易髒啊！你們有什麼了不起的，臭美！」

天鵝一開始還忍耐著，不過聽醜鱉罵得越來越凶，終於難以忍受。本來用嘴銜著大鱉就夠累的，現在又被罵，天鵝們互相使了一個眼色，銜著醜鱉的天鵝就把嘴巴張開了，還在哇哇大叫的大鱉突然感覺身體正在下墜，還沒反應過來，就已經掉到地上摔死了。

由於受了刺激而對自己的朋友惡語相向，傷了天鵝的自尊，最終被活活摔死，醜鱉的遭遇真可謂是罪有應得！人都有自尊心的，你要想別人尊重你，你首先便要尊重別人。一個不尊重別人的人，是絕對不會得到別人的尊重的。

儘管每個人的社會角色和地位不同，但每個人都需要尊重，如果都不能對他人尊重，那麼別人又怎麼能尊敬你？如果你不承認這一事實，在與人交往的時候，對那些重要人物禮貌有佳，對那些小角色卻態度冷漠，這樣自然就會傷害後者的自尊，也有可能自取其辱，如同劉備一樣。

劉備雖然比董卓、曹操寬厚一點，但也不是全無芥蒂的人。當年攻打西蜀的時候，劉備與劉璋在路上相遇，劉璋部下張裕因為臉上長了不少鬍鬚，劉備就拿他開玩笑說：「我從前在老家涿縣，那地方姓毛的人特別多，縣城裡都是姓毛的，縣令說：『諸毛怎都繞涿縣而居呢？』」

張裕聽後，回敬說：「從前有人做上黨郡潞縣縣長，遷為涿縣縣令，激發之際回了一趟老家。此時有人寫了封信給他，但不知道如何題署才好，如果寫『潞長』就漏了『涿令』，寫『涿令』又漏了『潞長』，最後只好寫上『潞涿君』。」張裕這番話的言下之意，就是借「潞」為「露」的諧音，諷刺劉備臉光露嘴無鬚。

為人處世的態度如果太不顧及別人的顏面和尊嚴，就會和劉備一樣，容易受人看不起，也會招來同樣甚至是更厲害的「回報」。揭短、戳痛有時是故意的，那是敵視的雙方用來互相攻擊的武器；有時又是無意的，那是因為一不小心犯了對方的忌諱。有心也好，無意也罷，在待人處世中揭人之短、戳人之痛都會傷害對方的自尊，輕則影響雙方的感情，重則導致友誼的破裂。

有一個商人在街頭看到一個鉛筆推銷員，心中頓生憐憫。他走過去，把一塊錢丟進推銷員的錢袋中，就走開了。

沒走幾步，商人就聽到後面有人叫他，他一回頭，只見那個賣鉛筆的人紅著臉對著他大聲地說：「你為什麼無緣無故的給一個身體健康的、而且還是推銷的人一塊錢呢？」

商人轉身回來從鉛筆堆裡拿了幾支，說道：「對不起，小夥子，我忘了拿了，希望你不要介意。」

賣鉛筆的說：「你我都是商人，我賣東西，而且是標明價碼。你給我一塊錢，又為什麼不拿東西呢？你是不是瞧不起我，認為我是一個值得同情的小商販？」商人連忙說了幾聲「對不起」，然後離開了。

這個商人的做法無疑是傷了他人的自尊心的。眾所周知，社會上那些有獨立人格的人，都不可能接受別人善意的施捨或同情，雖然你儘量的表現出禮貌和無心，但在這些人看來，你傷了他們做人的自尊。

有兩個人在看電視劇，劇中有婆媳爭吵的鏡頭。老張便隨口議論道：「我看，現在的兒媳真是不知道好歹，不願意和老人住在一起。也不想想以後自己老了怎麼辦？」

話未說完，旁邊的小婷馬上站了起來，怒聲說：「你說話乾淨點，不要瞎起鬨，我最討厭別人指桑罵槐！」原來小婷與婆婆關係失和，最近剛從家裡搬出來。

老張由於不瞭解情況，無意中揭了對方的短而得罪了小婷。所以只有瞭解對方的長處和短處，為人處世才不會傷人也傷己。再看下面這個例子。

有一個年輕的小姐長得很胖，吃了不少減肥藥也不見效，心裡很苦惱，也最怕有人說她胖。有一天，她的同事小張對她說：「妳吃了什麼呀，像吹氣球似的，才幾天工夫，又胖了一圈。」胖姑娘立刻惱羞成怒：「我胖礙著你什麼了？不吃你，不喝你，真是狗拿耗子，多管閒事！」小張瞬間紅個臉尷尬的站在那。

在這裡，小張明知對方的短處，卻硬還要把話題往這塞，這自然就犯了對方的忌諱，不自找麻煩才怪。而這種白目的人在我們周遭可是非常非常的多。在這方面，我們不妨向古人學習一二。

一天蘇軾來到王安石府中，恰巧王安石不在，蘇軾在書房裡看到王安石寫的詩稿：「西風昨夜過園林，吹落黃花滿地金。」蘇軾立刻提筆寫道：「秋花不比春花落，說與詩人仔細吟。」意思是說王安石弄錯了，菊花是不會凋謝的。之後，蘇軾在黃州任職的時候親眼見到了菊花落瓣，立刻認識到自己錯改了王安石的「詠菊」詩，想向王安石賠罪，只是找不到機會。

後來，蘇軾忽然想起了王安石在他被貶黃州前提過的一件事，原來王安石囑託他取瞿塘峽的江水。當時由於被貶，蘇軾心中不服氣，倒忘了這件事，現在想一定要辦的妥當。不料由於車馬勞頓，蘇軾竟睡著了。醒來時問船公現在到哪了，船公說到了下峽，蘇軾沒辦法，只得從下峽中取了水。

等見到了王安石，蘇軾對改錯詩句一事向王安石謝罪。王安石說：「你沒看過菊花落瓣，我不怪你。」然後兩人就談到了取水之事，蘇軾說已經帶到了，王安石趕緊叫人生火燒水煮茶，而茶色半晌才現。王安石就問：「此水何處取來？」蘇軾說是中峽的，王安石笑著說：「又騙我了，這是下峽的水，怎麼說是中峽的呢？」蘇軾聽後大驚，問何從知曉，王安石教育他說讀書人不可輕舉妄動，凡事要尋根究底，並向他解釋：「上峽水性太急，下峽太緩，只有中峽緩急相半。太醫院宮乃明醫，知老夫患中脘變症，故用中峽水引經。此水煮茶，上峽味濃，下峽味淡，中峽濃淡之間。今見茶色半晌放見，故知是下峽。」

蘇軾心悅誠服，離席謝罪。王安石又安慰他說哪有什麼罪，並指出是因為蘇軾太過於聰明了，所以容易疏忽。此後，蘇軾再也不敢自視清高，他虛心求教，細心鑽研，終於成為了中國文學史上著名的詩詞大家。

王安石對蘇軾做錯了事，不但沒有斥責他，而是中肯的勸說他，並且還指出蘇軾是因為過於聰明、容易疏忽造成的。朋友有過錯，這是很正常的事，聖人也有犯錯的時候，「人無完人」是也，所以，對待他人的過錯，應該委婉的勸告，顧及對方的自尊心，即使他當時不明白不理解，事後回想起來，也會覺得你勸說的是對的。

在人們的交往中，我們自己待人的態度往往決定了別人對我們的態度，就像一個人站在鏡子前，你笑時，鏡子裡的人也笑；你皺眉，鏡子裡的人也會皺眉；你對著鏡子大喊大叫，鏡子裡的人也會對你大喊大叫。所以，我們想要獲取他人的好感和尊重，首先就要尊重他人，不傷人自尊。

27 榜樣的力量是巨大的

管理者的榜樣作用是具有強大的感染力和影響力的，是一種無聲的命令、最好的示範，對員工的行動是一種極大的激勵。

在這個世界上，許多事情只可意會不可言傳，我們要靜靜地用心體會這種玄妙的禪理。

無德禪師行腳來到佛光禪師處，佛光禪師對他說：「你是有名的禪者，為什麼不找個地方隱居呢？」

無德禪師無奈地回答道：「我不知道，究竟哪裡是我的隱居之處呢？」

佛光禪師歎了口氣，說道：「雖然你是很好的長老禪師，怎麼連隱居之處都不知道？」

無德禪師說道：「我騎了三十年馬，不料今天竟被驢子摔了下來。」

這樣，無德禪師就在佛光禪師處住下來。

有一個學僧問無德禪師道：「我要離開佛教義學，請禪師幫我抉擇一下。」

無德禪師告訴他道：「如果是那樣的人就可以。」

學僧剛要禮拜，無德禪師說：「你問得很好，你問得很好！」

學僧莫名其妙，說道：「我本想請教禪師，可是你卻只說問得好。」

無德禪師答道：「我今天不回答。」

學僧問道：「乾淨得一塵不染時，又是怎麼樣呢？」

無德禪師答道：「那種客人我這裡不留。」

學僧問道：「禪師的家風是什麼？」

無德禪師說道：「我不告訴你。」

學僧非常不滿，責問道：「您為什麼不告訴我呢？」

無德禪師也不客氣，說道：「這就是我的家風。」

學僧更是認真地責問道：「您的家風就是沒有一句話嗎？」

無德禪師說道：「打坐！」

學僧頂撞道：「街上的乞丐不都在坐著嗎？」

無德禪師拿出一個銅錢給學僧。

學僧終於省悟。

無德禪師再見佛光禪師，說道：「當行腳的時候行腳，當隱居的時候隱居，我現在已找到隱居的地方！」

或許常人很難理解這段故事的真義，但是我們至少可以明白一點：有時候，說話的力量比不上不說的力量，我們可以透過多種方式來學習人生的哲理。同樣，在管理中也是如此，有時並不需要過多的說教，無言教育結果可能更加有效。

在任何一個公司中，管理者的一切言行都可能成為一種榜樣。由於榜樣深深地影響著人們的一言一行，所以，在管理員工時，特別是在試圖以某種文化去喚醒人們的自覺性時，管理者的行為榜樣是非常奏效的。

一位女企業家在行為榜樣問題上有著自己獨到的見解。

她認為，管理者的速度就是眾人的速度，稱職的管理者應當以身作則。例如，在她的企業中，所有技術顧問都必須對自己的生產線瞭若指掌，這項工作並不複雜，它只是一個如何做準備工作的問題。但是，一個銷售主任除非自己是商品專家，否則是不可能說服其技術顧問成為商品專家的。

無法想像，一個不熟悉商品知識的銷售主任怎樣開好銷售會議，因為這樣的銷售主任只能在會上要求眾人「照我說的做而不是照我做的那樣去做」。

這位企業家說：「經理不但應在工作習慣方面，而且應在衣著打扮方面為員工樹立一個好榜樣，經理的形象是十分重要的……我只是在自己的形象極佳時才肯接待客人。我認為，自己是一家公司的創始人，必須給人留下良好的印象。因此，與其不能給人留下良好印象，倒不如乾脆閉門謝客。我認為，要是讓我們公司的人看見我身上沾滿了泥漿，那多不好。我的這些做法已被傳揚出去了。有人告訴我，我們的全國銷售主任中有許多人都在學著我的樣子，穿得十分漂亮。」

他非常注重企業中經理的榜樣作用，因為他非常清楚經理作為一個部門的負責人，其行為必定會受到整個工作部門員工的關注。

他說：「人們往往模仿經理的工作習慣和修養，而不管其工作習慣和修養是好是壞。假如一個經理常常遲到，吃完午飯後遲遲不回辦公室，打起私人電話來沒完沒了，不時因喝咖啡而中斷工作，一天到晚眼睛直盯著牆上的掛鐘，那麼，他的員工大概也會如法炮製。不過，員工們也會模仿一個經理的好習慣。例如，我習慣在下班前把辦公桌清理一下，把沒做完的工作裝進包裡帶回家，堅持當天的事當天做完。儘管我從未要求過我的助手和祕書也這樣做，但是他們現在每天下班時，也常提著包回家。作為一個領導者，重任在肩，職位越高，就越應重視給人留下好的印象。因為總是處於眾目睽睽之下，所以你在做任何事情時務必要考慮到這一點。以身作則的好處是，過不了多久，你的員工就會照著你的樣子去做了。」

在企業中，如果管理者能夠率先示範，能以身作則地努力工作，那麼這種熱情和精神就會影響其下屬，讓大家都形成一種積極向上的態度，形成熱情的工作氛圍。可以說，管理者的榜樣作用是具有強大的感染力和影響力的，是一種無聲的命令、最好的示範，對員工的行動是一種極大的激勵。

我們必須看到，由於管理者在一個團隊中的地位和作用，他常常不自覺地被同事或員工選作學習的榜樣。一旦管理者的行為被「注意」之後，下屬一般就會重複所觀察到的行為。其實，任何一個團隊中的管理者以身作則的言行，都可能成為一種榜樣，而這種榜樣的力量是巨大的：

第一、榜樣示範作用

管理者能以其高尚的品德、模範的言行、生動感人的形象來感染人們。他們的為人、功績是大家直接看到的，容易使大家產生感情共鳴，因而樂意去仿效。

第二、凝聚整合作用

企業管理者的理想、信念和追求一般都具有現實的基礎，易於為員工所認同和敬佩，易於產生獨特的魅力，使整個企業同心同德，形成整合力。

第三、輿論導向作用

在一個良好的企業環境中，管理者的公正主張和卓遠見識能夠控制輿論導向，引導員工言行、強化組織價值觀的作用。

第四、調節融合作用

管理者以其自身在企業中的影響力，在解決組織內部的各類矛盾、衝突時有著調節融合的作用。他們能以公正的態度斷定是非，充分解決企業衝突的立場、原則和手段，化解衝突。

管理者如果能身先士卒，以積極正確的表率作導向，就可以激發下屬努力向上的幹勁，激發員工的積極性；反之，管理者持一種消極的、觀望的態度，只能讓員工削減工作熱情，對企業的發展前途失去信心。

由此可見，領導的行為榜樣對下屬的激勵作用是多麼的巨大，甚至比言語和輿論的作用大得多。身教重於言教，管理者的表率作用永遠是激勵員工的最有效方法。

28 容納衝突，解決衝突

高明的管理者都允許衝突的存在，並且知道如何容納衝突，更知道如何解決衝突。

管理衝突，是管理團隊每一位成員都必修的功課，尤其對於團隊的管理者來說，這一點更為重要。在《百喻經》卷三中有一個《蛇頭尾共爭在前喻》的故事，就很能說明問題。

有一條蛇，牠的頭與尾經常互相爭吵，誰也不服誰。

一天，這條蛇的頭與尾又爭執起來。

頭對尾說：「我是老大。」

尾對頭說：「我才是老大！」

頭振振有詞地說：「我有耳朵，能夠聽；有眼睛，能夠看；有嘴，能夠吃東西。行走時，我在最前面，因此我應該是老大。你沒有這些本事，怎麼能當老大呢？」

尾也毫不示弱地說：「我讓你往前走，你才能往前走，不信，我把身子繞在樹上，你能走得動嗎？」說完，尾便在樹上繞了三圈，三天沒有鬆開。

頭想爬出去找吃的，可是怎麼也爬不動，餓得快要死了。

頭無可奈何地對尾說：「你放我走吧，我承認你是老大。」

尾見頭認輸了，便把身子鬆開了。

頭心裡很不甘心，心想：讓你走在前面，讓你嘗試一下兩眼一黑的感覺，你就不得不承認我是老大了。

於是，頭對尾說：「既然你是老大，那麼你走前面吧。」

尾很高興，便在前面走。可是沒有眼睛看不見路，沒走多遠，便掉進火坑裡，尾和頭一起被燒死了。

頭和尾是血肉相依、不可分割的部分，要遵循互惠互利的原則，才能做好每一件事。如果互相爭論功勞，勾心鬥角，最後必然是共同毀滅的下場。當然，團隊是由不同的個體組成的，衝突在所難免，因此高明的管理者都允許衝突的存在，並且知道如何容納衝突，更知道如何解決衝突。

其實，團隊是一個從多樣性中獲益的組織，這個特性決定了它必須允許內部存在不同的聲音，這些不同的聲音實際上帶來了開放，因此也就不可避免地產生了衝突。有效的團隊允許個體的自由和不同，鼓勵團隊成員之間的支持和對抗，如果團隊成員的多樣性得到承認，不同的觀點被鼓勵，那麼，團隊的蓬勃發展就不再是一句空話了。三國時期曹操就深知團隊衝突的有利一面，我們來看他是如何處理的。

曹操軍中張遼、李典、樂進幾位將軍素來由於各自都有碩大戰功而彼此看不順眼。在曹操興師西征、平定漢中之際，孫權受到諸葛亮的鼓動，乘虛而入，親率大軍突襲曹操的後方，一舉奪得皖城，並乘勝前進，直逼曹操的東征根據地合肥。

在守將張遼憂心忡忡的時候，忽然收到曹操派人送來的一個木匣，上書「賊來乃發」四個字。當孫權率十萬大軍逼近合肥時，張遼等人開匣觀看，書中指出：「若孫權至，張、李二將軍出戰，樂將軍守城。」

當時，遠在八千里之外的曹操為什麼要對守衛合肥的將領做出如此具體的安排呢？這樣做會不會脫離實際，導致軍事指揮上的混亂呢？事實證明，曹操這樣做，正是從實際出發，在大敵當前的情況下，促成張遼、李典、樂進幾位將軍的精誠團結和優勢互補，以取得率兵禦敵的最佳效果。

有先見之明的曹操，對三位戰將的性格修養、用兵特點和作戰能力非常清楚，並且對他們之間平時的隔閡採取洞若觀火的態度。

果然不出曹操所料，受命之後，張遼堅決執行曹操以攻為守的戰略決策，表示親自出兵和敵人「決一死戰」，展示了寬廣的胸懷和豪邁氣概；李典「素與張遼不睦」，對於張遼提出的建議，起初「默然不答」，後為張遼的行為所感動，立即表示「願聽指揮」，反映了公而忘私、勇於拋棄前嫌、豪爽直率的性格；樂進是個中間人物，對張、李二人都不敢得罪，並有點怯戰心理，一見張、李二人的意見一致，他也信心十足，決不甘願落後。

在兵臨城下，人心恐慌的緊要關頭，曹操一封書信使三位將軍同心抗敵，轉敗為勝，把不可一世的吳軍打得七零八落。這一戰令「江南人人害怕，聞張遼大名，小兒也不敢夜啼」。可見，曹操在赤壁戰敗後就獨具匠心，巧用張、李、樂三人，以便他們在性格上取長補短，甚至有意利用他們之間的不同見解，防止一人貿然決策。

不過，管理者要容納的是團隊內部的良性衝突，而不是傷害團隊的惡性衝突，對於惡性衝突我們還是要想法解決的，下面就是一些解決的原則和方法。

一、統一願景

對一個團隊來說，「願景」是最基本，但也是最容易被忽略的東西。企業發展的不同時期，可能有很多棘手的工作要去解決，讓管理者很容易忽略了「願景」，於是就用一種似乎是「願景」的東西來暫時代替願景，久而久之，就默認為團隊建立了統一的願景。需知，願景是需要維護，是需要統一的。

二、協商溝通

處理團隊內部衝突時，管理者應該遵循「疏導、發洩、昇華和轉移」的原則，切忌用壓制和鎮壓的手段來管理團隊內部的衝突。要解決好企業組織內部衝突，就要加強協商和溝通，解決好過去存在的問題，並且要加強內部資源的合理運用，同時要善於借用企業組織本身和外部的資源，創造更好的業績，以業績來印證衝突管理工作的成效。

三、激勵機制

當企業解決了生存進而謀求發展的時候，激勵問題就凸顯了出來。每個員工的背景、資歷和價值觀可能都不盡相同，大家的出發點可能都是好的，但問題是，好的出發點未必就有好的結果。

如果團隊缺乏對統一激勵機制的認同，當不同的激勵機制之間的偏差越來越大的時候，就會自然地出現研發和測試打架，行銷與服務鬥氣，財務與管理彆扭的局面，這個時候，一個好好的團隊，可能在一夜之間分道揚鑣。

四、職責明確

不按下屬的職位來界定其工作職責。很多企業員工都看到了這種衝突的存在，但不自覺地在擴散和傳播這種影響，周而復始導致矛盾越積越深。因此，無論是管理者還是員工，都應該從個人定位做起，調整好心態，努力把自己的工作做好。只要工作一天，就必須考慮為企業多創造價值，少增加無形成本。

總之，管理者要想解決團隊內部衝突，就需要靈活運用各種方式，根據團隊特點，因地制宜地提出系統的思路來解決問題。

29 創造大家都能講的機會

管理者可以不同意員工的意見，但是卻不能剝奪他們發表意見的權利；管理者可以批評員工的錯誤，但要給他們解釋的機會。許多管理者喜歡用自己的思維方式去設想他人，而且也不允許員工輕易挑戰自己的權威。

一個管理者要有博大的胸懷、包容的氣度，要給員工說話的權利，創造大家都能講的機會，並且能聽得進不同的意見，包括逆耳之言，容得下各種各樣的人。在《根本說一切有部毘奈耶雜事》卷二十四中有一個故事，可以充分說明這一點。

很久以前，有一座風景秀麗的名山，泉流清澈，果木茂盛，一對鳩鳥在大樹的頂端營巢而居，日子過得還算愜意。

在平順的生活裡，雄鳩努力採集鮮美的果子，銜回巢內，小倆口的愛巢裡積存著很多果實。居安思危的雄鳩告訴妻子：「家中儲藏的果實先不要用，現在外面還找得到其他足以謀生的食物，可以填飽肚子。天有不測風雲，等一旦遇到風雨，飲食難得，才能靠儲存的果子為生。」賢淑的妻子連聲稱好，欣喜於丈夫的勤勉、顧家。

日子一天天過去，巢中鮮美的果子經過風吹日曬，逐漸脫水乾癟，原來滿滿一巢的量，因而縮減了很多。不明所以的雄鳩怪罪妻子：「我老早就交待說，這些果子不能吃，妳怎麼能一個人吃掉呢？」

「我沒有！」妻子回答道。

「之前，果子堆滿整個巢，現在少了，妳沒有吃，那到哪裡去了？」雄鳩不信地罵道。

「我也不知道為什麼少了啊！」妻子說。

「好了，妳什麼都不用再說了，我不聽。」雄鳩說。

他們倆爭吵紛紜，不可開交，雄鳩一怒之下，用嘴去啄雌鳩的頭頂，不料，雌鳩竟然因此而喪命了。

孤單的雄鳩，獨自難過地守在巢邊，忽然天降大雨，乾燥的果子吸水後又堆滿巢中。雄鳩心想：「果子又滿巢了，看來不是她吃掉的。」他對著妻子懺悔：「可愛的妻子，妳快快活過來吧，巢中的果子真的不是妳吃的，我早就該相信妳，一切都是我的錯。妻子，妳饒恕我吧，一切都是我的過錯……」可是，已經來不及了。

說到講話的權利，西方一位政治家的名言是最好的範例：「我可以不同意你的觀點，但是我將用生命來捍衛你說話的權利。」這個世界正是因為有不同的聲音存在，才不會出現獨裁和霸權。

同樣，在一個公司裡，管理者可以不同意員工的意見，但是卻不能剝奪他們發表意見的權利；管理者可以批評員工的錯誤，但要給他們解釋的機會。這是最起碼的原則。然而，許多管理者做不到這一點，他們總是陷入自我的圈子裡，喜歡用自己的思維方式去設想他人，而且也不允許員工輕易挑戰自己的權威。下面故事中的這位處長就是典型代表。

有一天，老張來到處長辦公室有事，見處長沒在，就坐下等著，沒想到處長辦公桌上的玻璃突然碎了。這時，處長從門外進來，還沒問清楚大概，張嘴就是嚴厲的訓斥，說老張連愛護公物都不懂。

老張一句話也插不進去，後來想了想，就決定用自己辦公桌上的好玻璃把這塊換下來，把壞的黏在自己的桌子上。

星期一，處長檢查衛生的時候，發現了老張桌子上的壞玻璃。老張還沒張嘴，處長就唾沫橫飛地訓斥起來，說他故意破壞玻璃，還把問題提到老張蓄意破壞公司形象的問題上來。老張氣得渾身顫抖，但處長卻不聽他解釋。

隔兩天，老張去街上重新買了一塊新玻璃換上，卻又捨不得扔掉壞掉的那塊，下班後就自己提著壞的那塊回家，剛走到公司門口，處長迎面而來，跳下車，指著玻璃，怒氣衝衝，根本不容老張說一句話，從行為到思想，又上升到政治的問題，最後說：「老張，你明天可以不用來上班了，在家寫報告。什麼時候有了反省的想法，什麼時候回來上班，這段時間沒有工資，沒有獎金！」

當時有那麼多同事和街上的行人圍著看，老張一向本本分分，哪受得了這氣，第二天就頭疼心悶住進了醫院。

後來，公司主管去慰問他，老張只是哆哆嗦嗦地寫了一句話：「給我說話的權利！」

對於同一件事情，每個人都會有不同的看法，這就是差異性。一個不允許其他不同聲音出現的管理者，會變得越來越自我，也加大了他與下屬正常交往的難度。因此，卓越的管理者應該做到相容並蓄，不僅不刻意掩飾自己的缺點，還可以聽取別人的意見。這不僅是一種管理藝術，更是一種增強自己實力和完善自己的方法，宋代的歐陽修就深諳此道。

歷史上，歐陽修在滁州當太守，經常去琅邪山遊玩，並時常與琅邪寺的主持談論詩文。後來，主持在山道旁蓋了一座亭子，特意請歐陽修前去參加落成典禮。歐陽修將這座亭子命名為「醉翁亭」，並為亭子寫了一篇文章。歐陽修命人抄了幾份，叫衙役把它們貼在城牆上。

衙役們不知道太守大人是什麼意思，於是就問：「大人寫的文章，為什麼要貼在城牆上呢？」

歐陽修說：「讓過路人幫我改文章啊。人常說，一人才學淺，眾人見識高。大家一定會把我的文章改的更好。」這樣，整個滁州城都熱鬧了起來，城裡城外的人們都紛紛跑來觀看，有人說：「太守寫的文章，還要老百姓幫他修改，真是古今少有的新鮮事。」

歐陽修就坐在府衙內，不停地派人出去打聽，一直到傍晚時分，衙役們才回來說：「報告大人，琅岈山李氏老人前來幫您改文章了。」

歐陽修一聽，馬上出去迎接，寒暄一番過後，歐陽修就問老人：「老人家，您覺得我的文章中有哪些地方需要改正呢？」

老人說：「大人，不瞞您說，您的文章我聽人讀了，句句講的都是實情，但我覺得開頭稍嫌囉嗦了。」

歐陽修便將文章從頭背下來：「滁州四面皆山也，東有烏龍山，西有大豐山，南有花山，北有白米山，其西南諸峰……」剛背到這裡，老人就打斷了他。

老人說：「大人，毛病就是在這裡。」

歐陽修是何等聰明之人，頓然醒悟：「您的意思，是不必點出這些山的名字？」老人笑了笑說：「正是，大人。」

歐陽修沉思了片刻，提筆將文章的開頭改成：「環滁皆山也，其西南諸峰……」然後一句一句念給老人聽。

老人滿意的點點頭說：「改得好！改得好啊！」

就這樣，才有了後世流傳的《醉翁亭記》，歐陽修也因其做學問和為人處世寬厚的態度，為後人所稱頌。

古語云：「人之患在好為人師」，相信大家都明白這句話的意思，就是不要處處表現的要高人一等，一副教訓人的架勢，特別是對那些管理者來說，對待自己的下屬，應該以寬容為主，給員工講話的機會和權利，能夠聽到他們的意見並接受其中的好意見，這才是好上司的風範。

30 「以人為本」的柔性管理

「柔性管理」的特徵：內在重於外在，心理重於物理，身教重於言教，肯定重於否定，激勵重於控制，務實重於務虛。

早在佛教誕生之日起，佛陀就已經確立了一個放之四海而皆準的「六和敬」法則，僧團因為奉行「六和敬」，得以和樂清淨。其實，「六和敬」法則不僅是建立僧團的重要基礎，推而廣之，也是建立安和樂利的團隊的重要根基。那麼，究竟「六和敬」法則指的是什麼呢？我們不妨從星雲大師的話中瞭解一下。

星雲大師指出，佛教僧團的管理方法就在「六和敬」之中，即以揭櫫思想統一（見和同解）、法制平等（戒和同遵）、經濟均衡（利和同均）等為管理要點。概述如下：

一、身和同住：在行為上，不侵犯人，就是相處的和樂。彼此互相尊重、包容；遇有疾病，相互照顧，平等共居，和合共住。

二、口和無諍：在言語上，和諧無諍，就是語言的親切。說話忠懇，言語柔和，和平共處。

三、意和同悅：在精神上，志同道合，就是心意的開展。不去計較人我得失，不計較是非利害，心意的和悅才是淨土。

四、戒和同修：在法制上，人人平等，就是法制的平等。受持戒法，進退有節，儀禮有據，行住坐臥，莊嚴威儀。

五、見和同解：在思想上，達成共識，就是思想的統一。捨去各自執著，彼此見解一致，達成共識，此乃共同成就之前提。

六、利和同均：在經濟上，均衡分配，就是經濟的均衡。不論是經濟上的財利，或知識上的法利，大家均等受用。

細細品味這「六和敬」法則，的確是團隊管理的一個境界。這種古老的佛教教義延伸到企業管理中，就是現代管理學講到的「以人為本」的柔性管理，二者是息息相關的。

「柔性管理」是相對於「剛性管理」提出來的。「剛性管理」以規章制度為中心，憑藉制度約束、紀律監督、獎懲規則等手段對企業團隊員工進行管理。而「柔性管理」則以人為中心，依據企業的共同價值觀和文化、精神氛圍進行人格化管理，它是在研究人的心理和行為規律的基礎上，採用非強制性方式，在員工心目中產生一種潛在的說服力，進而把組織意志變為個人的自覺行動。

「柔性管理」的最大特點，在於它主要不是依靠外力（如上司的發號施令），而是依靠人性解放、權力平等、民主管理，從內心深處激發每個員工的內在潛力、主動性和創造性，使他們能真正做到心情舒暢、不遺餘力地為企業開拓新的業績。

對「柔性管理」進行過深入探討的鄭其緒教授這樣概括「柔性管理」的特徵：內在重於外在，心理重於物理，身教重於言教，肯定重於否定，激勵重於控制，務實重於務虛。顯然，在企業管理柔性化之後，管理者更加看重的是員工的積極性和創造性，更加看重的是職工的主動精神和自我約束。

「柔性管理」在現代企業管理中的作用表現在：

一、激發了員工的創造性

在工業社會，主要財富來源於資產，而知識經濟時代的主要財富來源於知識。知識根據其存在形式，可分為顯性知識和隱性知識，前者主要是指以專利、科學發明和特殊技術等形式存在的知識，後者則指員工的創造性知識、思想的表現。

顯性知識人所共知，而隱性知識只存在於員工的頭腦中，難以掌握和控制。要讓員工自覺、自願地將自己的知識、思想奉獻給企業，實現「知識共用」，單靠「剛性管理」不行，只能透過「柔性管理」。

二、有利於企業適應瞬息萬變的外部經營環境

知識經濟時代是資訊爆炸的時代，外部環境的易變性與複雜性一方面要求戰略決策者必須整合各類專業人員的智慧；另一方面又要求戰略決策的出臺必須迅速。這就意味著必須打破傳統嚴格的部門分工的界限，實行職能的重新組合，讓每個員工或每個團隊獲得獨立處理問題的能力，獨立履行職責的權利，而不必層層請示。因而僅僅靠規章制度難以有效地管理該類組織，而只有透過「柔性管理」，才能提供「人盡其才」的機制和環境，才能迅速

準確做出決策，才能在激烈的競爭中立於不敗之地。

三、滿足柔性生產的需要

在知識經濟時代，人們的消費觀念、消費習慣和審美情趣也處在不斷的變化之中，滿足「個性消費者」的需要，對內賦予每個員工以責任，這可以看作是當代生產經營的必然趨勢。知識型企業生產組織上的這種巨大變化必然要反映到管理模式上來，導致管理模式的轉化，使「柔性管理」成為必然。

總之，「以人為本」的柔性管理並非是新生事物，其思想在中西方管理思想史發展的各個時期均有所表現。在人類從工業時代將邁入知識經濟時代的今天，管理重點也由「物」轉向「人」，人情、人性為當代管理者不得不考慮的問題。順應人性、尊重人格、理解人心，柔性管理顯然比剛性管理更具效力。

31 每天都講幾句讚美的話

讚美是一根魔棒，可以給平凡的工作和生活帶來溫暖，可以給人們的心田帶來雨露甘霖。每個人都希望在讚美聲中實現自身的價值，你也不例外！

在《十誦律．二誦》第三卷中有這樣一個故事。

從前有一個人，養了一頭大黑牛。這頭黑牛很能幹，能拉很重的東西。這一天，主人牽牛路過一個土坡，看到土坡前圍了一群人，這個人也湊了過去。只見一個人在人群中吆喝道：「有誰的牛敢跟我的牛比試比試？能將車拉上山坡者為勝，以財物押賭，有沒有敢的？」

「我的黑牛平時很能負重，不妨賭一次試試，」這人一邊想，一邊擠進人群大聲說，「來，我來跟你比！」

於是兩人都給牛套上車，在車上裝了很重的東西，停在坡下。

黑牛主人手裡拿起鞭子，厲聲喝道：「喂，你這頭彎角的黑牛，待會兒我狠抽你這傢伙幾下，你一定要拼命把車拉到坡上去！」

黑牛聽到主人的喝斥，不禁面現驚慌之色，比賽一開始，牠費盡力氣，但渾身疲軟，就是無法拉車上坡。

結果，黑牛的主人輸了很多財物。那人贏了一局，得意洋洋，繼續吆喝，希望別人來與他賭牛。

正當黑牛主人垂頭喪氣、自認倒楣的時候，黑牛轉頭對主人說：「你再答應他，繼續賭一場試試看吧。」

主人忿忿地說：「還賭什麼，都是你這笨牛，害得我輸了那麼多財物！你現在竟然還要賭，難道想把我的財物輸光了才肯甘休嗎？」

黑牛很委屈，對主人說道：「剛才你在眾人面前侮辱我、嚇唬我，我心裡害怕，所以感覺渾身無力。如果再賭的話，你不要用惡語傷我，而對我說：『你是最棒的！大黑牛，天生神力，兩隻利角又粗又直。』我想我會信心百倍，應該會有好結果的。」

黑牛主人聽了這話，想想也有道理，於是便把黑牛全身洗刷乾淨，頭戴花飾，重新套上車，重新開賭。

他大聲對黑牛激勵道：「我的黑牛啊！你有象徵力量的又粗又直的牛角！你有天生的神力！拿出你的威風來，把這車重物拉上坡去，我將為你感到無比驕傲！」

黑牛聽罷，頓覺信心百倍，氣力頓增，發一聲低吼，把那車重物徑直拉上了土坡。於是，黑牛主人贏回了三倍的賭金。

畜生聽到惡語而失去角力，聽到激勵的話語而力從心生，牛尚且如此，更何況人呢？在任何一家公司裡，每個員工都渴望被管理者肯定和讚美，因為這是人們對成就感的需要。管理者若能夠適當的讚美下屬，表現出對他們的認可和尊重，就會使氣氛和諧自然，工作更有成效。

眾所周知，金錢在激發下屬積極性這方面並不是萬能的，而讚美卻恰好可以彌補金錢的不足。能真誠讚美下屬的領導者，會使員工們的心靈需求得到滿足，並能激發他們潛在的才能，打動人的最好方式就是真誠的欣賞和善意的讚許。

一位王爺手下有個著名的廚師，他的拿手好菜是烤鴨，深受王府裡的人喜愛，尤其是王爺，更是倍加賞識。不過，這個王爺從來沒有給過廚師任何鼓勵，這使得廚師整天悶悶不樂。

有一天，王爺在家設宴招待貴客，點了數道菜，其中一道是王爺最喜愛吃的烤鴨。廚師奉命行事。然而，當王爺挾了一隻鴨腿給客人後，卻找不到另一隻鴨腿，他便問身後的廚師說：「另一隻鴨腿到哪裡去了？」

廚師說：「稟王爺，我們府裡養的鴨子都只有一條腿。」王爺感到詫異，但礙於客人在場，不便問個究竟。

飯後，王爺便跟著廚師到鴨籠去查看究竟。時值夜晚，鴨子正在睡覺，每隻鴨子都只露出一條腿。

廚師指著鴨子說：「王爺您看，我們府裡的鴨子不全都是只有一條腿嗎？」

王爺聽後，便大聲拍掌，想吵醒鴨子。鴨子當場被驚醒，都站了起來。

王爺說：「鴨子不全是兩條腿嗎？」

廚師說：「對！對！不過，只有鼓掌拍手，鴨子才會有兩條腿呀！」

由此可見，要想使下屬始終處於施展才幹的最佳狀態，唯一有效的方法，就是讚賞和表揚，沒有比上司的批評更能扼殺員工積極性的了。身為管理者，要經常在公眾場所表揚佳績者或贈送一些禮物給表現優越者，以資鼓勵，激勵他們繼續努力。一句讚美的話，一點小投資，可換來數倍的業績，何樂而不為呢？

關於讚美，有一個形象的比喻：在不改變藥效的情況下，給藥加點糖，效果會更好。不過，這「糖」到底該怎麼加呢？這「美」到底該如何讚呢？這其中有著十分玄妙的學問。

一、讚美要發自內心

員工希望得到的讚賞是經過管理者思考的結果，是真正把他們看成是值得讚美的人，花費了精力去思考才得出的結論。倘若管理者在尚不瞭解下屬的情況下，只能講些「年輕有為」、「前途無量」、「做得不錯」之類的公式化語言，是很難打動人心的。

因此，只有言之有物的讚美才能真正指出對方的心血、精力之所在。對一位下屬如果只說他很能幹，就不如說他某件具體事辦得很漂亮更「實在」一些。

二、空洞的讚美只會引起反感

讚美雖是好意，但如果管理者經常給予下屬一些不痛不癢的讚美，等到下屬習以為常之後，便不會再心存感激了。

一旦當事者本人不認為值得讚美而予以讚美時，他不會心存感激；當管理者真心誠意要讚美時，反而得不到預期的效果。

三、讚美要及時

讚美是對一個人的工作、能力、才幹及其他積極因素的肯定。透過讚美，員工瞭解了自己的行為活動的結果。可以說，讚美是一種對自我行為的回饋，回饋必須及時才能更好地發揮作用。

同時，員工需要透過儘快地瞭解回饋資訊，對自己的行為進行調節，鞏固和發揚好的，克服和避免不好的。如果回饋不及時，事過境遷，那麼人的熱情和情緒已經冷漠，這時的讚美就沒有太大的作用了。

四、讚揚要公平

管理者讚揚下屬，實際上是把獎賞給予下屬，就像分蛋糕，也需要公平、公正。有的管理者不能擺脫自私和偏見的束縛，對自己喜歡的下屬極力表揚，對不喜歡的下屬即使有了成績也看不到，甚至把集體參與的事情歸於自己或某個下屬，常常引起下屬們的不滿，進而激化了內部矛盾。這樣的管理者不僅不記取教訓，反而以「一人難稱百人意」為自己解脫，實在是一種失敗。

32 管理，重在人的內在悟性

造成下屬對工作不感興趣的原因，常常不在於工作本身，而是因為沒有制定出評價自己工作的打分方法

佛家認為，修行靠的就是一個人自己的覺悟力，僅靠別人的說教是很難領悟真正禪機的。有時候，我們的確需要靠自己的一點智慧來領會博大的佛學。

良寬禪師畢生修行參禪，從來沒有懈怠過一天。當他老年的時候，從家鄉傳來一個消息，說他的外甥不務正業，吃喝嫖賭，快要傾家蕩產了，家鄉父老希望這位禪師舅舅，能大發慈悲，救救外甥，勸他回頭是岸，重新做人。

良寬禪師為鄉情所感動，就不辭辛苦，走了三天的路程，回到童年的家鄉。良寬禪師終於和多年沒見過的外甥見面了。這位外甥非常高興與他的和尚舅父相聚，並且特意留舅父過夜。

良寬禪師在俗家床上坐禪坐了一夜，第二天早晨離去的時候，對他的外甥說：「我想我真是老了，兩隻手一直發抖，能不能請你幫我把草鞋帶子繫上啊？」

他的外甥非常高興地助了他一臂之力。

良寬禪師慈祥地說：「謝謝你了。你看，人老的時候，就一天比一天衰弱。你要好好保重自己，趁年輕的時候，要把人做好，要把事業基礎打好。」

良寬禪師說完後，掉頭就走，對於外甥的任何非法行為，一句不提。但是，就從那天以後，他的外甥再也不花天酒地浪蕩生活了。

良寬禪師的教學方法，有時當頭棒喝，有時反詰追問，有時有無不定，有時暗示含蓄。外甥的內心真正感受到了一種力量，正是這種發自內心的力量才讓他下定決心，重新做人。總之，佛家的教育就是不說破，不說破才是自己的全部，這完全在於個人的悟性。

同樣，管理也是如此。管理者要想管好人、帶好人，建設一支充滿活力的隊伍，就要重視員工的內在悟性，卓有成效地激發下屬的潛能和幹勁，使之形成一種協調有序競相發展的整體氛圍。要做到這一點，就必須不斷強化屬下的信心和鬥志，像下面故事中的劉經理一樣。

國仲最近被任命為某集團分公司的經理，一到公司他就發現，這家分公司簡直就是毫無半點生氣，一片死寂。

一直以來，這家分公司的銷售額，在集團各分公司排名中都是最後一名，而且業績已經連續幾年出現赤字了。儘管被派到這裡工作的經理換了一任又一任，卻依然是一切如故，沒有任何起色，以至於連集團最高決策層的主管們都認為這家分公司已經無可救藥了。

儘管國仲被委派時也抱著「死馬當活馬醫」的心態，開始進行各種努力，結果收效甚微。於是，國仲左思右想，他深知單純依靠自己口頭上的鼓舞和激勵是不夠的，他需要用自己的實際行動去開啟下屬的悟性，去激發大家的積極性。

他親自四處奔波，終於在一周之後拿到了兩筆好久沒有見到的大宗交易，簽訂了合約。國仲的這一驚人之舉，在分公司內部引起了熱烈討論，員工們都看在了眼裡，記在了心裡。

國仲找到了問題的癥結，在接連奮戰三個月之後，一向低迷的銷售額竟然在全公司名列前茅了。大家因此而增強了信心，分公司的整個氣氛發生了驚人的變化，全體員工以衝刺的速度行動了起來，當年成績便名列全國同行業的第二，第二年躍居首位。

國仲在這家分公司工作了五年，其間與他同甘共苦的主要成員都相繼得到了提升，當上了其他分公司的經理或部門主管。這些人不論是到哪個單位擔任何種職務，士氣總是很旺盛，取得的成績也很明顯，給集團高層留下了深刻的印象。甚至有人說，這個公司培養出來的幹部，精神面貌和工作作風都與其他公司不同。經過實踐的驗證，大家公認這家公司是集團培養人才的搖籃。

成績和幹勁、鬥志是成正比的，充滿昂揚鬥志和士氣的團隊，具有化不可能為可能的神奇力量。這其中自然就能看出管理者的能力，一個卓越的管理者透過自己的言傳身教，使下屬員工反思自己的問題，最終把手下的一幫人改變過來。

好的業績不但能使人增強信心，向越來越高的目標發起挑戰，而且為了保持曾經達到的水準，大家也會愈發努力，激發出潛能。這等於是無形之中提高了下屬員工的工作能力。

但凡是管理者，就會變革團隊氣氛、改變作風等負有不可推卸的責任。對一個原來士氣低沉的團隊，這樣做當然是必須的。而對一個一向士氣相對較高的團隊，是否也有必要進行這樣的變革呢？回答當然是肯定的，因為這樣有利於加快團隊的前進步伐。不過，手段卻是不相同的，比如，管理者若想讓下屬興趣盎然地進行工作，就可以教導下屬如何評價自己的工作。

一般認為，直接涉及生產和銷售業務的工作是比較容易進行衡量的，而管理間接業務或服務性業務則不大容易做到。其實並非如此，評價自己工作的尺度並非只有一種，而是多種多樣的。我們來看下面這個案例。

在某公司裡，由兩位女性職員組成的一個售後服務小組，每月受理顧客打來的售後電話至少也有上千通。為了更好地工作，她們決定對自己服務顧客的完全滿意程度進行測試，並以圖表進行統計。

統計結果顯示，客戶的完全滿意程度還達不到一半，而且更為嚴重的是，她們必須經常請專門業務人員代她們接電話，才能說清問題。她們感到對自己商品知識的貧乏，於是主動請來一位技術人員替她們上業務課，並且針對日常工作中遇到的疑難問題進行研究探討。一年之後，她們的工作績效發生了驚人的變化，客戶滿意程度超過了八十％，小組成員的工作熱情和積極性也越來越高。

造成下屬對工作不感興趣的原因，常常不在於工作本身，而是因為沒有制定出評價自己工作的打分方法。這是每一個管理者都應該意識到的問題。

人的幹勁和潛能是無限的，作為管理者，應該盡可能地創造條件開啟員工的內在悟性，讓他們的才能和潛力盡情發揮。只要環境條件適宜，下屬的才能自然會生根發芽、開花結果，取得更大的成績。

TALENT tool

大大的享受拓展視野的好選擇

大拓 Talent TooL

永續圖書線上購物網
www.foreverbooks.com.tw

謝謝您購買 智慧人生：人生短短幾個秋，不醉不罷休！ 這本書！

即日起，詳細填寫本卡各欄，對折免貼郵票寄回，我們每月將抽出一百名回函讀者寄出精美禮物，並享有生日當月購書優惠！

想知道更多更即時的消息，歡迎加入"永續圖書粉絲團"

您也可以利用以下傳真或是掃描圖檔寄回本公司信箱，謝謝。

傳真電話：(02) 8647-3660　　信箱：yungjiuh@ms45.hinet.net

☺ 姓名：　　□男 □女　　□單身 □已婚

☺ 生日：　　□非會員　　□已是會員

☺ E-Mail：　　電話：(　)

☺ 地址：

☺ 學歷：□高中及以下 □專科或大學 □研究所以上 □其他

☺ 職業：□學生 □資訊 □製造 □行銷 □服務 □金融
□傳播 □公教 □軍警 □自由 □家管 □其他

☺ 您購買此書的原因：□書名 □作者 □內容 □封面 □其他

☺ 您購買此書地點：　　金額：

☺ 建議改進：□內容 □封面 □版面設計 □其他

您的建議：